陈振江 著

中国建筑工业出版社

图书在版编目（CIP）数据

房地产企业实用经营 36 策/陈振江著. —北京：
中国建筑工业出版社，2008
ISBN 978-7-112-10453-6

Ⅰ. 房… Ⅱ. 陈… Ⅲ. 房地产业-企业管理
Ⅳ. F293.3

中国版本图书馆 CIP 数据核字（2008）第 169631 号

  本书通过 7 个方面 36 个重点，详细描述了房地产企业开发经营管理的实践经验。从房地产开发的拿地、设计、施工、销售、纳税、财务及其他环节这 7 个方面的具体做法入手，指出房地产企业经营者如何合理、优化地操作项目，打造精品楼盘，规避经营风险。每个重点就是一策。

  书中地产企业行文生动流畅，可读性强，为从事房地产开发经营的专业人士指出了一条现实可行的成功捷径。

* * *

责任编辑：封 毅
责任设计：郑秋菊
责任校对：安 东 孟 楠

房地产企业实用经营 36 策
陈振江 著

*

中国建筑工业出版社出版、发行（北京西郊百万庄）
各地新华书店、建筑书店经销
北京红光制版公司制版
北京云浩印刷有限责任公司印刷

*

开本：880×1230 毫米 1/32 印张：6¼ 字数：180 千字
2008 年 12 月第一版 2009 年 4 月第二次印刷
定价：**20.00** 元
ISBN 978-7-112-10453-6
(17377)

版权所有 翻印必究
如有印装质量问题，可寄本社退换
（邮政编码 100037）

前　言

随着我国一拨又一拨改革大潮的风起云涌，房地产作为新兴产业，如雨后春笋，发展势头非常迅猛，至2007年底全国房地产企业（以下简称"房企"）已达五万余家。其中不少业外人士也纷纷涉足房地产业，欲在这个大舞台上纵横驰骋，大显身手。但是，许多中小房企，特别是转轨企业，因经验不足、实力不强、操作不规范、管理水平不高等原因，产品质量长期在低档次徘徊，引发大量的投诉，降低了房企的公众形象。

2003年以来由于房价的急速攀升，引发巨大的民怨。国家认为这是一个关系国计民生的敏感的政治问题，于是在连续几年里，先后出台了一系列严厉的调控措施。2007年入冬以来的宏观调控更是进一步深入，其政策组合拳重重出击之后，房价只涨不跌的神话终于被打破。一时间，银根全面抽紧，闲置土地无偿收回，节能工程必须实施，网上公开销售，二手房税率提高等，致使2008年的房市极度低迷，众多房企倍感彻骨严寒，于是艰难救局，行业洗牌力度空前。

不幸的是，美国次贷危机造成的"两房"（房利美和房地美）困境对美国金融业造成了重大伤害，2008年3月，有85年历史的全美第五大投资银行贝尔斯登公司宣布破产，9月雷曼兄弟又宣布破产；同时，美国各地方银行更是陷入倒闭浪潮中，至今已有9家地方银行破产倒闭，曾经不可一世的华尔街金融巨头纷纷倒下。纵观这场世界性灾难的根源，就是2001年IT泡沫破灭后，美联储为抵御经济衰退大幅降息，宽松的利率条件刺激并吹出了一个又一个房市泡沫，最终泡沫破灭造成金融危机。这场金融灾难迅速波及全球，对我国原本2008年已极度脆弱的中小房企来说更是雪上加霜，一时间，各房企纷纷寻求突围之法。

有幸的是，我国政府这五年来，一直在加紧对房市的宏观调控，及时抑制泡沫。目前，面对国际金融危机，我国央行已宣布下调贷款基本利率和银行的储备资金以拉动内需，各地方政府也纷纷出台救市政策。虽然现在从中央到地方都对房地产政策调整表现出了积极信号，但是"90/70"政策、保障性住房以及抑制房地产泡沫政策依然是今后长期的政策宗旨，国际经济衰退和房地产销售市场的停滞也是不争的事实。所以，今后的中国房企还是困难重重，必须脚踏实地先走出重围，渡过难关，再图谋发展。

房地产是一个极具诱惑，但变化多端、不易驾驭的行业。二十多年，大浪淘沙，有人凭着自己的智慧抓住机遇，横刀立马，驰骋疆场，历经艰辛，最终获得成功，跃上人生巅峰；有人路遇不测而折戟沉沙，败走麦城，从此销声匿迹，令人扼腕叹息。此间种种，谱写了一篇篇中国现代房地产商人的沉浮录。

在我国严厉的宏观调控和这次国际金融风暴面前，我国中小房企明显暴露出在抵御风险能力方面的薄弱。其原因是多方面的，主要是不少企业因从业时间短，开发经验缺乏；或急功近利，求胜心切；或战线过长，现金流短缺，致抗风险能力差。于此，笔者将在地方房地产业协会和建筑业协会任职期间所接触的一些房企的案例加以汇集，并积自己二十年操作房企之亲历，对如何严密决策、规范管理、规避风险、进退有术等，写成《房地产企业实用经营36策》，旨在就房地产行业的健康发展与各位同仁共同探讨。如能对行业发展有所裨益，便是作者的心愿。由于写作水平有限，书中缺点和谬误在所难免，敬希专家和读者不吝指正。

陈振江
2008年11月

目 录

第1章 土 地

第1策 "招拍挂":取得土地开发权的唯一途径 / 3
第2策 慎防土地招标文件宣传的陷阱 / 9
第3策 切忌不自量力超高价中标地块 / 15
第4策 容积率和绿地率的控制 / 21

第2章 设 计

第5策 住宅小区总平面设计也要注意风水 / 29
第6策 设计商业房面积不可过量 / 33
第7策 临街商业房设计须考虑通天烟道等 / 38
第8策 小区设计须重视公厕和垃圾站的设置 / 42
第9策 建筑基础设计施工须严把质量关 / 47
第10策 结构设计不宜采用全剪力墙 / 52

第3章 工 程

第11策 工程发包的合同控制 / 57
第12策 工程建设的质量和安全控制 / 61
第13策 工程建设的进度控制 / 68
第14策 消防工程的质量控制 / 74
第15策 人防工程的质量控制 / 78
第16策 总用电容量的投资控制 / 83
第17策 竣工验收的程序控制 / 87
第18策 质量投诉受理的专项控制 / 93

第4章 销 售

第19策　前期广告宣传不得信口开河　/ 99
第20策　预售合同必须详尽以防留下隐患　/ 103
第21策　预收款进账须规避政策的风险　/ 107
第22策　房价制定要合理　/ 110
第23策　商铺、车位定价策略及如何处置车位权属之争　/ 114

第5章 税 收

第24策　售房收入营业税及附加税必须月缴月清　/ 121
第25策　土地增值税节省缴纳应提前筹划　/ 125
第26策　印花税须按时交缴不能忽视　/ 133
第27策　社会借款利息支付不忘代扣个人所得税　/ 136
第28策　项目完成须及时办结税务汇算清交　/ 140

第6章 财 务

第29策　工程款支付的各项控制　/ 147
第30策　不可预见费：项目总投资测算时应计足　/ 152
第31策　现金流：项目运作的生命线　/ 156

第7章 其 他

第32策　前期物管：项目纠纷和投诉的源头　/ 163
第33策　资质挂靠：后患无穷　/ 172
第34策　用人控制：房企的第一要务　/ 176
第35策　正确预测未来形势　/ 183
第36策　必须坚守法律底线　/ 187

第1章

土 地

第1策
"招拍挂":取得土地开发权的唯一途径

自1998年开始,我国各级政府逐渐结束房地产开发土地有偿协议出让的途径,实施招标、拍卖、挂牌出让土地。从2002年开始,则一律实施"招拍挂",并成为一条铁律,任何部门和企业都无权逾越。于是,实力雄厚的大企业横扫各地频频举牌,使出让地价越来越高,因而带来房价的虚高,引发民怨,导致国家严厉的宏观调控。小企业无力竞争便独辟蹊径寻找"回留地"从事开发,陷进了五花八门的拿地怪圈,许多公司因此被套。这些教训犹为深刻。

一、深刻的教训

(一)地块招标频创天价酿恶果

由于征地和报批的艰难,各地土地投放数量十分有限,一块土地出让都要求在省报上刊登邀约广告,有的甚至要求在全国报刊上登载邀约广告。而房企数量太多,一般一个县城就达几十家,正因为僧多粥少,遇有土地"招拍挂",房企便跟风群起而抢之。于是地价出让连创新高,

"地王"频出。以上市公司为主力的大型房企,横扫全国掀起"圈地"狂潮。以2007年9月份为例,山东省青岛李沧区延吉路地块,某地产公司经过很多个回合,以总价16亿多元的惊天价格拿下4万多平方米土地,楼面地价达到8300元/m^2。某集团以44亿元天价,创下上海"地王",楼面地价达6.7万元/m^2。某商城公司以35亿元天价竞得武汉一块土地。某集团东莞公司以26.8亿元拿下东莞塘夏大坪地块。地价高带来房价普遍高涨,因而不断引发民怨,于是国家不断出台政策抑制房价的过快上涨,也是造成这一轮宏观调控的主要原因。

(二)"回留地"沉陷资金难解脱

中小房企实力有限,无法与地产"大鳄"竞争,于是纷纷转到三线城市竞投便宜地块。但也有许多房企把眼睛盯住农民手上的"回留地"。所谓"回留地",即是沿海一些地方政府征用城郊的农村土地后,返还10%或15%的用地给被征地村,作为农村"三产"用房或解决无房户住房之用。这些"回留地"一般无政策保障,再加上农民无钱无资质开发,于是村"两委"召开村民大会,统一意见后低价卖给房企,审批手续由房企自己去办。这样一来,不少房企买得土地后开始了漫长的审批之路,结果数年也批不下来,项目开发不起来,陷入的钱拿不回来,叫苦不迭。以下一个例子发人深省。

某公司在2000年6月经人介绍向一个村以45万元/亩,总计1600万元买到36亩耕地让政府征用,返回3.6亩临街"回留地"在手。该地按规划可建一幢1.4万m^2、18层的商住楼。为了办审批手续,奔走于政府部门两年时间才勉强立项。以后又用了四年时间报批用地手续却无法审批,其原因既有政府对"回留地"没有顺畅的审批途径,也有当地村民分到钱后,担心这幢楼一旦报建,就会影响当地村民的移民或"三产"等指标,于是人人不肯签字。为此公司召集村民开会无数次,每次请吃饭、发误工补贴,但是村民还是无动于衷。公司审批无果就向村干部提出退地,欲收回购地款,本金不计利息,但村干部说钱已分光无法收回,公司被搞得进退两难。特别是村干部经常调换,老的干部说自己不在其位不谋其政,根本无法解决;而新任村干部堂而皇之地称新官不理旧事,或者以情况不清、底子不明来推诿。于是这个项目经过六年时间的奔走呼告一直审批未果,而项目所在地的中心区管委会又把原用地规划进行调整,把原地块改作一条人工景观河经过之用地,原选址更换到马路对面另一个村的"回留地"。为此又需和这个新的村的村干部接触,又要请数十户村民签名,村民又百般不愿意,使公司一筹莫展。可怜这1600万元本金所购土地,六年下来,按银行利息计算,本利已达2700万元,最后只好以1700万元作价与另一家房企合作。据说合作的这家公司与当地官员较为密切,活动能力较强,审批成功率高。结果这家公司也用了两年时间报批,至今仍没有成功。

上述例子并非个别,我国南方沿海城市普遍存在。有不少中小房企资金被"回留地"套牢,欲罢不能、欲哭无泪。一般一个县总有多家中小房企为此沉淀资金数亿元,至今七八年时间无法解套。

(三)"三三制"行不通的开发路

有的地方政府对农村补偿土地的开发也有政策,搞出了三个三分之一的办法。即一栋楼三分之一的面积作为村第三产业用房,三分之一的面积作为村民建房,三分之一的面积作为房地产开发。有房企拿到这种项目欲要开发,一般都是房企出资免费代建村三产用房,村民的三分之一也有让房企收购后再出售,有三分之一已经是房地产开发的可以名正言顺地对外出售。苦的是村民住房三分之一不能上市交易,只好按村民的名义先办手续,然后作为村民住宅转让他人,走曲线迂回之路,犹抱琵琶半遮面,躲躲闪闪地好不艰难,且纠纷不断,很难有一个完美的收场。

二、拿地的方法

以上例子既提到了"招拍挂"恶性竞争的严重后果,又反映了以其他方式拿地的失败教训,有鉴于此,面对现实,必须总结出一条理想的拿地路子,因为毕竟土地是房企赖以生存的根本。但以何种形式拿地,如何低价拿地,如何拿到理想的地块,乃是房企决策层的头等大事。对此,笔者提建议如下:

(一)积极参与"招拍挂"是拿地的唯一方式

由于"招拍挂"出让开发土地已成国策,不可逆转,我们必须放弃各种非正常渠道拿地的思想,认定目标,积极应对,以免受骗上当,造成不必要的损失。其实,土地"招拍挂"的政策是国家土地寻租的必然手段,其好处是既体现了企业公平竞争,又杜绝了暗箱操作,不使政府职能部门官员产生腐败。因此,"招拍挂"拿地是今后项目开发的唯一途径,我们没有其他路子可选择。

（二）必须在房市最低潮时参与"招拍挂"拿地

当房市处在最低潮时，地块经常流拍，这时，房企必须千方百计筹措资金参与"招拍挂"争取低价拿地。因为一个项目从前期的设计、审批、主体结构封顶约需二至三年时间，待到新的高潮来临时，你才开始售房，效益必定很好。所以，房企必须坚持低潮时拿地，高潮时售房的原则，而绝对不能颠倒过来，因房地产市场二十几年来无不都是波浪式前进。在房市高潮时，千万要保持冷静，不能被眼前暂时的高房价迷失方向，更不可与人"天价"强抢地块，一般超过标底价30%的地价，就已是风险环生，如果以底价一倍的价格中标地块，必定是失败的项目，决不可取。

（三）"招拍挂"拿地的技巧

1. 千万不能到一线城市去与地产大鳄竞投地块，应该转移二、三线城市寻找项目。因为你如不是上市公司，与大公司竞争是鸡蛋碰石头的行为，非失败不可。

2. 拍卖和挂牌土地规定需要三家以上竞争才有效，在房市极端低潮只有你一家公司参加招拍挂时，你可借用别的两家公司资质，凑成三家同时打入保证金，以略高于标底价由自己的公司中标。这样做没有违法，只是打了政策的擦边球。

3. 遇到有三至四家公司竞争时，一般别的公司肯定会找你商量，要求你放弃中标，由他独家公司中标，但给你一些"好处"，这时千万不能应允，防止落下个"串标"嫌疑，要负法律责任。但可以数家公司用口头协商，其中不管哪一家公司中标时，大家联合参股开发，平分业绩和利润。如果中途合作不愉快，也可以由一家公司总承包开发，其他公司仍然可以分到业绩，也可以分到包干利润。这样做可以拿到合理地价的土地，又不用负任何法律责任。

综上所述，土地"招拍挂"已是房企拿地的唯一途径，且政策又十分刚性，既然如此，各房企必须断绝变相拿地的念头。要认清形势，多方面分析，周密策划，以良好的心态去积极参加"招拍挂"拿地，以合理价格拿到自己理想的地块。

第 2 策
慎防土地招标文件宣传的陷阱

自从土地实施"招拍挂"出让后，地方政府有关部门对准备实施出让的地块广做宣传，有的夸大其词，不少房企听信宣传，一头扎进，"天价"中标，结果被牢牢套住不能解脱。为什么政府部门的宣传也有不可靠之处，很重要的原因是：土地出让金是地方财政收入的主要来源。

上世纪90年代初，我国实行国地税的分税制，90年代末期，省级以下地税稽征机构分设。从各地的情况看，地方各级财政的总收入中，中央与地方的财政分成各占一半左右。与此同时，随着农业人口大量向城市、集镇流动，城市化建设规模的不断扩大和进程的日益加快，地方各级财政都需要加大对基础设施建设的投入力度。而从各地的情况看，目前地方财政的收入在解决了公务员、行政事业单位人员、教师、离退休人员的工资和各类补贴后，只有少量的余额。而大量基本建设资金的投入，主要是靠政府经营土地来获取的。即便是税源比较充足的县市都是如此。如东南沿海的某县级市，2007年的财政收入达46.9亿元，为全国综合经济实力百强县之一，其地方可用资金约23亿元，仅仅是解决了公务人员的办公经费和工资，而每年的城市化建设的资金自2000年以来年均达20亿元以上,全都来源于土地的"招拍挂"收入。由此可见,任何一个地方的政府都需要高价格出让土地。

一、陷阱

(一)"新的行政中心"周边地块成为最大的诱惑

在土地"招拍挂"过程中,一些地方部门为了把准备出让的地块能拍个理想的价格,就对该地块的地理环境进行大量宣传,当地有关部门一般都会制作很精美的标文予以介绍。比如地块邻某条区间道路,就会被说成是紧邻某某商业景观大道。地块旁边有一条污染严重的小河流,可能还有一个乱坟岗,却被说成是有山有水的风水宝地。更有甚者,有的地方有关部门无缘无故在地形图上画上一个红五角星,标上一句话,称该地块与规划中新的政府行政中心为邻。于是,这个宣传成为很大的诱惑,大量房企见报后,纷纷打进保证金,欲出高价中标地块。经过一番激烈竞争,终于天价中标,但未等进场施工,不到半年,当地把新的行政中心五角星又标到几公里外的别的地块招标。你中标的地块本来所处位置是政治、经济的中心,一下子变成了城乡结合部。于是地价立即大跌,造成项目进退两难,开发亏损。

(二)规划易地,迫使房企走投无路

某公司于2000年联合其他公司以4.5亿元中标一个145亩的地块,该地块原标底价只有2.68亿元。就因为标文里面的地形图上标有红五角星,说是新的市政府就在该地块的旁边,致使9家大型房企前来竞争。该公司以高于底价1.7倍的天价中标。但未到一年,正当该公司对项目一边设计,一边填矿渣打围墙做广告进场打桩时,报纸登出该市人大代表、政协委员视察滨海新区,参观新的市政府位置及周边规划的模型。并说明经本届人大常委会通过,新的市政府将迁移到滨海新区。这则报道如一个重磅炸弹,原来中标地块旁边新的市府选址被迁到5公里以外的新区,使公司原来对外称该地块与新市政府毗邻的宣传成为虚假广告,变成了一般的城乡结合部地块。立刻,意向登记的购房者纷纷退约。为了救市,公司忍痛降价对外预售仍无人问津,财务测算,一旦开发下去,不计投资利息还要亏损5000万元。这下所有股东公司都慌了手脚,纷纷提出退股。但是地价款已经交了一半,如何退得出来。走投无路之下,他们联合打报告给市府,要求退地或减价或增容积率补亏损,市政府沉默寡言。在公司的苦苦要求下,市府派了一个工作组调查了解情况,最后答复是退地不可能,减价会被别的公司仿效也不可取,容积率可以适当地增加,但只能某领导口头答应,不给批文。这个答复各股东公司都不满意,吵闹了数月,最后商定由该公司独家开发,其他股东的出资,由该公司全部退还,并支付银行利息。因为此时第一期工程已开始预售,为了不使项目做成"烂尾楼",该公司独家苦撑危局,经过三年努力,终于在2004年9月全部交付使用。平均房价只有3500元$/m^2$,而成本已超过该数。加上地块边上主道路政府开工滞后,在项目交付使用后才开始做路,新做的路面比项目临街的店铺的地面还高出许多,致使大量店铺卖不出去,造成积压,沉陷成本一亿多元,每年须支付利息近千万元,至今许多年了还是卖不出去。再加上原一位领导口头答应增加容积率,但未得到规划建设局同意,后来被土地局补交出让金,又被规划建设局罚款,增容的部分建筑面积的成本反而比原始成本还高,项目最终结算净亏近亿元。

(三) 外地招商宣传套你没商量

在我国内地的一些城市,党委、政府及其党政领导求变思进心切,或急于脱贫致富,许多地方往往有夸大其辞的宣传与推介活动,如介绍新推出的地块旁边有新的行政中心或大型会展中心、超市、学校、酒店等,属于黄金宝地,还有税收减免等配套优惠待遇,鼓励房企购地开发。不少企业中标后,皆因规划大变而开发不起来,资金被套住,有苦无处诉。这种情况亦有事例如下:

如1993年河南省某县温州城招商,当地政府发动各部委办局主要领导牵头,到浙江的温州市各县市区招商引资。即是在该县城北划出6平方公里土地建一个新的温州城,吸引温州企业前往办厂及房地产开发。他们用推土机将麦田推出一条条马路路基,将温州各县的名称标在木牌上插到每条路基上,让温州客商看到了心里荡漾出了一种亲切感。于是温州地区一批一批的人作为上宾被请到该县的温州城,当地政府高规格地接待了各行各业的商人,让人有一种宾至如归的感觉,大家深受感动,于是纷纷买地,进行厂房建设和地产开发。1994年,国家首次宏观调控,"温州城"应声而倒,政府承诺的市政建设全部不实施,交通环保都未解决。先进场的工厂无法开工,个别已开工生产的全部亏损,未进场的企业买了土地不敢投资。数年后,大家去看时，土地已恢复成纵横阡陌的麦田。于是投资者向当地政府要求退款又无人理会。去找有关领导时，却已是人事变迁调动频繁，就是找不到原来熟悉的领导。过了许多年，投资者带着苦涩的心情故地重游时，有的地已被卖给本地企业办厂，有的地仍然摇曳着麦苗。于是这么多温州企业数亿元土地款如泥牛入海，杳无音信，一分也没有拿回来。像这种宣传过头、拿被招商企业的钱不当一回事的情况各地都有发生。

二、策略

因此，怎样使自己不被土地招标文件的宣传迷惑，真正拿到低价而位置又好的地块，笔者认为：

（一）深入实地调查标文宣传的内容

深入实地调研待出让地块的地理位置非常重要。不但要从地形、地貌、交通道路、桥梁河道、周边环境、乡土民风等方面进行现场踏勘。更重要的是了解该地块的历史和地质状况，如有无乱坟堆、军用光缆、地下文物、矿石资源等，如发现有以上问题的，就要放弃参加"招拍挂"，连保证金也不用打进去，省了不少麻烦。

（二）特殊优越地段须查明有否合法审批手续

在城市化的浪潮推动下，不少地方的政府都在城郊结合部规划一个新城区。这新城区最诱人的地段莫过于新的行政中心周边位置的地块。当我们拿到标文后，就要调查这个新城区及新的行政中心规划是否已经省级人民政府审批，当地人大代表会上有无通过。此外，还要向政府核心部门打听，这个新的行政中心是否临时标在图上，今后是否会迁移。待全部打听好了，才确定是否参投。

（三）待出让的地块土地审批文件是否齐全

不少地方政府由于建设资金的急需，往往把未获得土地指标的土地先进行招拍挂，而后到省里补批土地指标。这种做法对中标土地的房企来说险象环生。万一上面不予审批，或审批时间无休止拖延，则房企已交了大笔的出让金进退两难，白白损失了利息，从此项目被牢牢套住不能自拔。

（四）被征地块农民赔偿问题更要调查清楚

现在征地工作十分困难，特别是大型楼盘的地块，可能是几个村所属，或一个村几个生产队所属。这些生产队的农户土地被征用是否已得到政府的全额赔偿，有的地块有水稻田和菜地混合，往往水稻田已补偿了，但菜地未补偿，这样你如中标了，亦难以进场。因农户会来阻止你施工，如当地政府置之不理，你就会为此吃尽苦头。

综合以上情况，房企参拍土地必须洞察秋毫，千万不可掉以轻心，更不可轻信标文宣传，防止项目中标后被套住。

第3策
切忌不自量力超高价中标地块

近期,有好奇者问我如何操作房地产最赚钱。我觉得这不是什么秘笈,只告诉他们还是那简单的一句话:"房市低潮时吃进地皮,高潮时开始售房"。但是在现实中,就有许多房企常常奋力拼搏、力挫群雄超高价中标地块,最后全面被套或全军覆没,教训何其深刻。

一、发人深省的案例

(一) 超高价地块忧患深重

刚涉足房地产的人士,前面一头雾水,容易被表面的现象所迷惑,只看到近年来房市景气,就容易盲目跟风,不顾自己实力有限,硬是与大企业博弈。于是不经严密测算,风险系数也不考虑,一时头脑发热得像咝咝作响的"高压锅",把地块投成天价,虽然图一时之快,力挫群雄而得手,但因此负债累累,遇到房市下跌,就会一头扎进去,全面套牢,痛苦不堪。房企在1998年开始,所做项目的土地已经都是投标取得。那时候房企不多,房价也很低,虽有时与人竞争高价中标地块,一般中标时地价及工程成本加上税费等已与当时社会房价持平，无利可图。但是国家政策还没有对容积率的控制，遂采用了加层的办法，增加容积率拉低地价，到开发成功时，也有些利润可图。自从2002年开始，国土资源部以规范性文件硬性规定房开项目的增容面积一律要补交出让金以来，房企的竞争便到了白热化程度，且操作难度越来越大。既面临僧多粥少、地价中标昂贵的难处，又不能在扩容上面占便宜。唯一的办法只有在提价销售上面做文章，这样就有了2003年以来房价疯涨，百姓怨声载道的情况发生。所以，国家宏观调控抑制房价时，超高价中标的地块都会被牢牢套住，容易陷入绝境，忧患深重。

（二）超高价地块祸不单行

超高价中标地块，以我多年来的实践经验，那可是一个走钢丝的险活，尺度掌握得好，也可能赢利，弄得不好，就是一个无底的陷阱。以企业的规模而言，大型企业或上市公司问题不大，因股民的大量资金可以利用，只要把土地囤积两年，地价自然飙升，就显得原中标价并不高。而中小房企情况不同，从资金源与资金流上分析，大家势单力薄，一俟风吹草动，没有缓冲的过程就被伤筋动骨。其表现形式大都是：遇有急流险滩之时，一是股东怨声叹气、纷纷抽资逃逸；二是购房者失去信心，认为该地块成本这样高，该房企能否有资金顺利建成项目，故不敢轻易出手购房；三是购房者等待观望，看是否会有其他更便宜的楼盘开出来再行购房；四是银行认为你是一家规模不大的企业，现在天价中标一个大地块，必然联想到你肯定会开发不成，就严格控制贷款规模或额度；五是地价款无法及时全额交缴，现在的政策是未全额缴地价款就不发土地证，使你进退两难，如想放弃，土地部门已收的款是根本不退的，你想进，但又未发土地证，所有审批手续无法完成。如再加上逼债的上门不断，你的企业就会到了倒闭的边缘，因此，超高价中标地块祸不单行。

（三）超高价地块开发举步维艰

某公司在2001年期间联合数家企业中标开发一个大型地块，投标时，因获地心切，似乎失去正常的理智与判断能力，犹如饥馑年代去抢免费的午餐，"刺刀"见红地频频举牌，最后，该公司以高于标底价一倍以上的价位夺标，测算楼面地价已接近当时的房价。当时该公司中标后，也曾欣喜若狂，如夺得奥运金牌。但是不到3个月，地方政府发出若干个规范性文件，即放开"回留地"的开发政策。一个县城数千亩被封闭的"回留地"政策一旦出台，势不可挡，市民认为这些"回留地"建成后的房屋将十分便宜，纷纷等待观望，不买该公司开发的房产。那时候做房地产国家政策规定不严格，房企普遍做法是地块一启动，就向客户收定金或预付款，相当一部分开发资金是以预付款收来的。一般是第一年中标土地，经过紧急包装启动，第二年就可对外预订房，资金就可以滚动。一个总投资七亿元的项目，失去了预订款的支持，其欲哭无泪的景况可想而知。再加上有的房企手中存有"回留地"，担心该公司这个大型花园一开盘，地理位置尽占优势，他们的"回留地"房就会卖不出去，于是联手造舆论。在利益的驱使下，这些房企的老总们暂时地联合起来，将矛头对准那中标公司，俗话说：欲加之罪，何患无辞。他们中有人印传单，内容是某公司法定代表人已逃到国外,工程款付不出去了,项目已完蛋等等到处发放。有人言传口授,称那公司已支撑不住,就要垮台,有的人传谣那公司老总是骗子等等。市民中特别是已预购房者造成恐慌,纷纷前来退房。当时的社会环境是普遍未成立房协,对一个新的产业,参与者往往把同行视为仇敌,喜欢搞恶性竞争,且不择手段。不像现在的房企基本成熟,通过房协的牵线搭桥,更是互通有无,国家政策也比较规范,大家相安无事,客客气气。上述这家房企就因为中标地价实在太高,尔后三年房市一直低迷,终于出现巨大的亏损。所以,超高价中标地块为害匪浅,将可使企业临到举步维艰的境地。

(四)超高价地块集资建房也困难

自从1998年国家实施土地"招拍挂"后,集资拿地建房的政策被取消。但是以后的六七年时间里,因为房价太高,工薪阶层买不起住房,于是在2007年以来,有些地方又恢复集资建房。但这次集资建房与过去模式不同。一般是居民集资联手参与竞投,结果也是高价中标地块。但由于没有开发经验,成本控制不住,质量又无法保证,出现了许多问题。某县有200多户居民在2006年初集资1.2亿元中标22亩土地,容积率3.5,可建2幢各30层总面积5.1万m^2的高层住宅楼。于是组织项目领导班子挂靠房企资质进行开发。通过两年时间的努力奋斗,终于使项目主体工程结顶。但测算完工后的总成本为5600元/m^2。即楼面地价是2400元/m^2,工程建设费是2200元/m^2,税费是1000元/m^2,仅成本就比同期房企推出的房价还高500元/m^2。于是集资者都有意见,纷纷怀疑参加管理者有徇私舞弊的行为，于是提出换人和查账审计，结果因内乱而成了半拉子工程。究其原因是居民集资建房既没有法律、法规保障，又缺乏合理的策划和技术质量保障，因30层属于超高层建筑，仅工程造价由专业房企来建也要2000元/m^2。如果当时设计体量大一点，楼层限在18层以下，则工程成本可能只用1600元/m^2。所以说，不管专业房企，还是居民集资建房，地价太高总不是什么好事，它都将后患无穷。

二、避开超高价，以合理价格拿地

（一）必须在房市最低潮时才可出手拿地

未来的房市正如歌星那英那首歌唱的："水中月，镜中花，看不透"。但房地产的法则就是波浪式前进，似乎已成规律。所以在高潮时我们要耐得住寂寞，放弃英雄情结，甘拜下风不与人抢地，一切作壁上观。但到了低潮时，别人为现金流断掉而走投无路、土地大量流拍时，你独辟蹊径，大胆出手，取得低价地块，方可傲立群雄。

（二）抓住机遇蓄势待发

跟风而上是当前经济活动中众多企业的通病。在房市高潮时，不少房企高价中标地块，但转眼低潮来临，就此被困，苦等二年后形势仍未好转，终于坚持不住，只能以原来的成本价转让项目，牺牲利息费用。这时你就要抓住机遇，蓄势待发，积极与人洽谈，将项目土地连同公司一起兼并过来，说不定转眼间形势立即好转，你就可以笑傲江湖。

(三) 低端进入高端产出是最好的投资战略

自从李嘉诚先生发明了"地段、地段、还是地段"的话语后,多年来,不少房企的项目开发宗旨一切为地段而论,只要是有好的地段,不管价格如何之高,也在所不惜。高价拿地后,高价售房,采取了高进高出的战略方针。但是,近七八年来,房地产开发的格局起了变化,由于形势多变,高进未必就能高出,反而风险加剧。倒不如调整战略,实施低端进入,高端产出的实战方法。这就是找一些新的属于处女地的开发区,一般人还认识不到有巨大发展潜力的地方低价吃进地皮。然后放慢开发速度,但工程只管上马,所建的房子暂缓预售,由于项目包装得法,待到大气候形成,房价大涨时开始售房,就会取得高额利润,则风险永远与你无缘。

总之,房企切忌超高价中标地块,否则,将永无安宁之日。

第 4 策
容积率和绿地率的控制

由于我国土地出让实施"招拍挂"后,地方政府部门对房开项目的容积率和绿地率抓得异常严格,措施极尽严厉,成为高压线而不能碰撞。房企由于项目容积率和绿地率的事与政府部门纠缠不清的情形比比皆是,许多房企由于处置不当而烦恼加剧。

一、存在的问题

(一) 高额的补增容出让金得不偿失

因为地价昂贵,中标一块土地实属不易。过去房企往往采取增加容积率的做法充低楼面地价,达到赢利目的。然而,2002年国土资源部的文件规定,凡房开项目增容的,都要补交出让金。南方一些城市普遍做法是当地政府规定增容5%以内的,补原始中标时地价的100%,超5%以上的补原始中标时地价的200%,或者以评估价格计出让金,以此抑制房企向天空要地任意增容。这个政策的规定,使房企增容就毫无意义,不少房企因此吃够了苦头。特别是施工图纸刚审批通过,规划建设许可证正在办理之际,当地如何具体限制增容的文件到达。这时,你如改图变更容积率,就会使原计划打乱,如果未奏先斩已预售部分房子出去的,则更不好收场。只好忍痛割肉,去补交土地出让金,但已得不偿失,做了亏本生意。你如不补交土地出让金,"四证"就无法齐全,项目因此停顿,巨大的地价款压得你喘不过气来。不能及时开盘,资金无法回笼,项目就容易陷于困境。因此说,你如增容较多,则须补200%的原始地价,这就得不偿失,这样增容就毫无意义可言。

(二) 增容费必须立即结算交缴否则后患不止

某公司于2003年4月在某县中标一个137亩的地块,标文说明是42亩建四星级宾馆,95亩建住宅小区,实行捆绑式投标出让。当时共九家企业参与竞争,通过明标暗投,由该公司投最高价中标。当年9月方案会审时,由于规划条件规定东首退红线30m,小区十分拥挤,设计院在总平面图设计时将小区用地从95亩扩至100亩,酒店从42亩缩小至37亩,容积率从小区的2.0扩大至2.2,酒店原指标0.8扩容至1.29。在2004年3月的扩初会审时,当地专家和有关领导都在场并签了字,最后由规划建设局发文通过。但是2004年6月,当地政府发文,定为超容的面积统一补100%~200%的出让金。虽然文件后到,但该公司未办开工手续,也只得执行。小区补了增容费测算效益还可以,但大酒店项目就吃亏了。因为一个3.2万m^2的大酒店要1.8亿元投资,在一个经济不发达的县城,建成后每年经营利润还不够付投资利息,就是经营15年也难以收回成本,而增容费却要再补交1000万元。该公司提出修改图纸缩小面积,减少层数,不予增容,但地方政府领导不同意,坚持要他们建20层的大酒店,却同意不用补交出让金。当地县长批示由分管副县长牵头召集有关部委办局开会，统一意见后，发出县政府会议纪要，原则同意公司免交大酒店的增容出让金。2007年10月，当该公司主楼建至十六层时，新的一届县政府班子说是接群众举报，该大酒店有增容行为未补出让金，责成规划建设局给该公司发了一个通知，勒令停工，等候处理。由于这个项目该公司"四证"齐全，又有县政府《纪要》在手，公司认定合法权益受到侵犯，于是理直气壮地向上一级市纪委的作风办投诉，市纪委派官员到县里调停，当地有关领导非但不承认自己做法不对，反而说该公司故意不缴款。如此翻来覆去拖了数月，该公司还是补了1000余万元的出让金问题才基本得以解决。其实这个问题完全不是该公司过错，纯粹是上一届政府领导当初希望企业掏钱把酒店搞得越有气魄越好，因所处位置在新的县政府大楼旁边，建成后将可作为政府大楼的硬件配套设施，所以认为大酒店是服务业不用收增容费。但是三年后，这个县的新城区发展了，地价有所增值，政府认为以前地价太便宜吃亏了，重新秋后算账，于是该公司因此被搞得痛苦不堪。

由此可见，土地增容费的交缴是任何政府部门也不会放过的，不能有任何侥幸心理，就是县政府发了会议纪要也减免不了。所以，要么不增容，要么当场结算清楚，方能不留后遗症。

以上所述，笔者认为，土地"招拍挂"如已天价中标，再要承担200％的补出让金去增容，就是太不明智的行为。最好的办法是毫不增容但抓紧开工，却适当拖延开盘时间，让房价稍有上扬时再开盘，较好地利用建设与开盘的时间差,这样可能会产生一些利润。

(三) 绿化率和绿地率不能混淆否则后患加剧

绿地率要满足地块使用指标也是重中之重的大事。近年来,全国各地规划部门抓得非常之紧,如达不到绿地率就被处以重罚,房企对此噤若寒蝉。

某地有一家房企,2004年中标一地块,在设计时,设计人员在设计总平图时,误将绿化率40%写成是绿地率40%,一字之差是天壤之别,根据目前许多地方规划部门的文件规定,绿地是必须浮土达1m厚度以上,每幢建筑物四周和主道路旁边要各扣除1m,地面草坪砖铺设的车位只能算20%是绿地率。因此该房企项目竣工绿化测量,绿地率只占35%,缺少2000m^2,每平方米要补给政府部门2000元,共要补400万元,否则项目竣工不予备案。房企老总被搞得莫名其妙,便找到有关部门论理,说公司设计时,建筑物密度只占23%,有77%的土地用于绿化和道路,总平面图也是规划部门批准的,而且在建设期间又没有丝毫增加建筑物密度,怎么要补钱?但有关部门不予让步,说是你们自己的总平面图上标的40%绿地率,这能怨谁。于是房企就补钱的事和有关部门交涉,好长时间也未解决,致使备案延迟,产权迟办,被购房户投诉。究其原因,出现上述问题一是规划管理部门政策多变,二是房企对图纸审查不严,如果当时总平图上标明的是绿化率40%,或绿地率30%的话,就不会出事了。

二、建议

上述例子告诉我们,房企开发项目必须认真对容积率和绿地率实施控制,使之不留隐患。因此,建议如下:

(一)项目设计必须严控容积率

项目在设计时,必须对照地块中标时的容积率指标,将7‰的物管用房和物管商用房以及社区用房、地面独立配电房等面积计足,然后确定可以销售的商铺和住宅面积,一般地上的建筑面积须对照土地利用指标应该少设计0.3%左右,因为设计院的计算面积与竣工时房管部门的实测面积有差异,比如设计院把半墙厚度按12cm计算,而房管部门实测时,因增加外墙保温层厚度一般按14cm计算,只这2cm之差异,就可使一个十几万平方米的小区,竣工面积多了数百平方米。于是又要评估地价补出让金后方可备案办产权,时间拖不起。

(二)项目设计必须正确计算绿地率

项目在设计时,要实事求是反映绿地面积,一般30%的绿地率就会通过审批,千万不可为了销售时的增加卖点,使绿地率虚高。否则竣工后,就算政府部门不找你麻烦,但购房者也会因你项目绿地不足,而造成投诉。

上述关于容积率和绿地率的控制非常重要,千万不能盲目突破,以免给项目带来不必要的麻烦,拖延备案和办产权证时限。

第 2 章

设 计

第5策 住宅小区总平面设计也要注意风水

房企开发的产品是给老百姓住的，不少老百姓相信风水。因此，我们在小区和住宅的设计时还是需要讲究风水的。下面笔者就建筑风水方面谈一点个人粗浅认识，仅供参考。

一、建筑风水的重要性

土地价值"昂其值"，取得开发资格实在不易。在实际操作过程中，不少房企对建筑风水的重要性未引起足够重视，在委托设计单位和人员设计时，就有关重要事项，没有给设计人员以提示性意见，任凭设计人员如脚踩西瓜皮似的滑到哪里算哪里对平面进行布局。一般都是布成高低错落型、前后梯次型，或院落式四面围合型等，布局手法十分单调又平庸，使建成后的小区缺乏生机活力，不成气势，难以成为高档小区。有的设计人员，在设计时完全忽视了风水的因素，在道路、水系、绿地、建筑物朝向方面多处违背风水原理，使住户非常不满意而怨声载道。所以，小区在设计时必须重视风水布局。

二、风水学的由来

风水学在我国相传久远,从春秋战国时的《易经》、汉代的《堪舆全匮》及至后来的《宫宅地形》、《阳宅集成》等专著,集数千年的实践智慧,形成了融地理、气象、生态、景观、规划、建筑等为一体的综合性的自然学科,在指导人们择吉避凶、逢凶化吉、顺路人生等方面起到了一定的作用。只是传至现代,常被一些江湖术士用于蒙人的迷信工具,所以威信受损,被指责为"阴文化"而抬不起头来。

三、建筑风水的基本要求

近些年来,风水学在全世界似有重新兴起之势,有的大学专门设置教学和研究的机构,全国范围内学术研讨活动更是不断举行,大有普及之势。笔者因职业关系,也对这门学科有所考究和引用。因为房地产中标一块土地,需数亿元或数十亿元不等,如操作不当,则后患无穷。

建筑风水的基本要求是,所选地块须为吉地,所设计的房屋须为吉屋,小区的入口尽量对吉向而开,楼宇、道路、园林布局,皆为弧线形迂回围合而设,远避硬角、死角及各种直冲所至的冲煞。只有这样,客户购房后,方能感觉良好,身心健康。

建筑物何为吉宅?一是平面布局回旋有余,切忌直冲。如大道没有遮挡直冲居所,传统观点认为是虎口屋则视为不吉，如对准天斩煞（指两高楼之间一条狭窄空间）则大大的不吉。其实这只是易导入强风所致，对人久居不利。每幢楼宇可以成弧线布局，但房屋及房间仍需方形或长方形布置，以符合风水"天圆地方"之说。二是藏风聚气，风即气流，不得过急也不可太缓，过急是旺气被风吹散，过缓则空气不流通，易生病菌。故总平面布置不宜设7字形，排屋的顶层不宜为巨大的高低错落型。三是朝向必须坐北朝南，朝南的屋，阳光充足，冬暖夏凉，加之门窗南北通透，旺气流而不散，百病难生。当然风水对于住宅的门、客厅、厨房、卫生间、卧室的位置以及床位的朝向都是很有讲究的，但如果确因条件所限，则可适度放宽，不必太认真计较。

四、风水学的基本原理

所谓风水的"风"即是气，风水的"水"即是气者水之母，水者气之子。风水科学，即是气科学。从现代科学解释，"气"亦是微波，为流动的波，是运动的粒子流。地球吸收、渗透从宇宙间而来的辐射，及电磁场机械波谱；以及地球自身的物质、机械运动，如地震、潮汐等辐射出去的电磁、化学、机械波谱等。这些都构成了场，如电场、地磁场、地热场、地震场，还有生物群落发散的生物场等。既然气是微波，它可聚可散，可导可阻，故此，住宅气场有吉凶，但可随环境的布局、方向、方位、装饰、树木、花草等生物的综合条件的不同进行调节。否则，原来优良的气场，也因措施不当而变坏。

圆道即天道，是《周易》的精髓，太极图就是相互环抱圆道的象征。从银河系到太阳系、地球、月亮直至细胞、原子、电子、质子等。宇宙间万物，无不呈现着太极运动圆的模式。圆道是宇宙运动的规律，太极图是宇宙运动的缩影。风水中要求"山环水抱"、"圈圈环抱"，其实质就是聚气，有利接收和调节微波。

总之而言，风水学是一门独特的学科，它有着坚实的社会和群众基础，而且融合在中华民族的心态和习惯之中，已与千百年来人民的风俗习惯融为一体，所以说，用风水科学的理念调节建筑物的平面布局是十分有利的。

注：笔者所在的公司在杭州开发一个叫东港花园的项目，共208亩地，此地块中间从西到东横跨一条小河称之叶家桥港。我们把它分成南北2个小区，北面的面积较大，我们把平面布局成双龙戏珠的形状；南区较小，布成丹凤朝阳图案，设计后，令总平面图气势磅礴，建筑物迂回围合，弧线排列，道路蜿蜒所至，没有任何路冲，且住房户户朝南，达到藏风聚气的效果，观者无不赞叹不已。

第 6 策
设计商业房面积不可过量

20世纪90年代初,中国掀起了新一轮改革与开放的热潮。随着商风的日炽,经商办企业的人员在不断增加,其中有不少体制内的官员、教师、科研人员走向体制外,投入经商办企业的热流之中,在这种环境下,临街店铺非常热销,其售价是一般商品房的十倍。但近些年来,人们热衷于高级大型小区的住房,一时间好像冷落了商铺。特别是位置在城乡结合部的楼盘,临街店铺大量滞销。不少房企因此积压商铺,沉入大量资金,陷于被动局面。

一、典型案例

(一)商铺滞销使巨额资金被沉陷

某公司2001年开发一个楼盘,因受20世纪90年代店铺热销的影响,临街设计了百余间一楼一底的商业用房。因当时投标该一百多亩的地块时,规划介绍朝南是一条60m宽的商业景观大道,而且马上开工。且报纸上已登载该条马路的施工招标通告,深信政府会立即开工。于是在次年开盘时,把商品房定价3500元/m^2出售,沿街第一层商铺以6倍定价即21000元/m^2出售,沿街第二层商铺

3700元/m² 出售。900余套商品房两年销售一空，但店铺基本无人问津。至今已6年时间仍只售出30%。

造成这种局面的原因，一是该地块临街路由于征地困难，至2003年才开工，2005年竣工交付使用。由于道路迟迟未建成，错过了销售的最佳时机。二是建成后的道路其路面比店铺地面还高出数十厘米，不好使用。三是近些年来市民不愿投资商业地产，因为增值速度缓慢，故不愿购买。该楼盘于2004年交付使用后，至2007年的三年时间里，住宅二手转让房价翻了四番，每平方米均价达14000元。而临街底商仍在20000元左右徘徊，只是住宅房价的1.5倍。致使项目的70余间店铺被积压，陷入资金8000万元无法解套。于是想到降价销售，但是前面有30%已售出，如要降价，必然会引起前面的买主不满，因此不能降价。如此积压五年卖不出去，只好暂时对外出租一部分，所收租金不到银行贷款利息的三分之一。店面大量积压，造成资金沉陷，开发商心急如焚，但最痛苦的莫过于项目与税务部门迟迟不能汇算清交，因无法计算所得税。空置的大量商业房要交空置物业管理费，还要派专人保管，项目销售部又不能撤销，财务人员也不能调走，使得近十人驻守这个老项目，每年费用近百万元，利息支出近千万元。因项目未结束，还有留守人员在，小区物业管理公司和业委会也不断向项目部要钱。遇到地方上的一些民间聚会活动或公益活动也常有人来要赞助，一个原测算尚有赢利的项目，却变成了亏损项目，教训何其深刻！

（二）商场面积太大，租金收入不够付利息

某项目公司开发一幢单体临街商住楼，把下面4层计2

万 m^2 建筑面积全部设计成大商场，上部 18 层为住宅楼。开盘后住宅楼不到一年，全部售完，而体积很大的共 4 层商场却无人问津。三年后，只售出第一层的三分之一给银行，剩下的全部出租，租金不足银行的活期利息。项目总投资成本达 2.2 亿元，而住宅卖得太快，在 2003 年全部售完均价只有 3500 元/m^2，得款 1.1 亿，还有 1.1 亿元成本都被商场成本积压，资金链断裂，企业非常痛苦。后来实在无路可走了，只好把二至四层的共 3 层商场全部分块卖给股东，大家办出房产证后，去银行抵押贷款 50%，得款 5000 万元用于支付工程款。而这些商业物业以后没多大增值，还要还银行贷款，最后项目还是出现巨大的亏损。如果当时设计成二层以上都为住宅，则早已作为住宅卖出，收回大量资金，节省利息，项目起码可以保本。

（三）商场出租使用功能扰民招投诉

有的房企在闹市区开发单体高层楼宇。按照习惯性的思维，总喜欢底下 3 层设计成商场。由于建筑物进深太深，分割成单间不好销售。如独立出售，又因面积太大无人买得起。第二、三层作商场也很难售出去，通常是一楼租给商家当超市，二、三层租给他人办餐饮业或娱乐、休闲场所。这些酒店场所开张以后自然免不了带来噪声、油烟、灯光以及垃圾等环境污染，从而引发附近居民的强烈不满与投诉，有关执法单位接到举报后不能置若罔闻，或责成行业整顿，或勒令关门。因此这些场所、酒店开开停停，承租人赚不到钱，就借此拖欠或拒付租金。而且项目未售完又不能结算，又要多人留守，所以单体楼宇开发商业面积过多照样很难赚钱。

二、设计建议

上述实例足以说明项目开发设计时，商业房面积切忌过多，免得大量滞销造成损失。但是，到底在设计商业房时其面积占项目总比例多少才算合理？笔者提如下建议可供参考：

（一）小区设计商业房面积不可超出 5%

根据笔者多年来的实践，住宅小区的商业房面积不可超出地上总建筑面积的 5%。就拿一个四面是马路的大型项目，最多也只能两向设计一些店铺，千万不可四向都设计商业，否则，小区周边全是商业，扰民的事会多，而且也降低了住宅小区的品位。

（二）小区设计仅限临街的底层为商业

小区设计临街楼宇只能底层做商业，二层开始就要设计商品房。因同样面积，第二层的商品房售价一般还高于二层店铺。从售房速度和开发效益来说，商品房还没有卖不掉的例子，而店铺很容易积压。所以说，有经验的房企，都将项目地上的可售面积，大量地设计商品房，很少设计商业，以确保商铺和住宅在同一时间售完，同时交付使用。既可及时回拢资金，又能立即达到项目汇算清交，项目开发时间短、见效快。

（三）单幢高层楼宇设计商业面积不可超出 10%

个别项目只有单幢高层大体量的商住楼，在设计时，只能是地面下部两层设计为商场，而三层以上必须是住宅，其商业面积不能超过总地上面积的 10%，以防商业面积过量而滞销。在使用功能上,底商可作为服装、百货等行业的用房,二层可租给他人当超市,尽量杜绝开酒店,防止扰民而被投诉。

(四)纯商业与写字楼的项目不宜开发

有些并不发达的县级城市建新城区,往往规划安排过量的商业与写字楼项目,一些没有经验的房企将土地投标过来开发,在开发过程中发现操作举步维艰。一是写字楼功能列为商业范围,使用年限只有40年,购房者嫌时间短不合算;二是四证齐全后,银行不予周转资金贷款,担心风险太大,易使房企投资困难;三是项目未竣工备案,银行不予按揭贷款,会使销售不畅、投资压力加重。而商品房特别是 90m² 以下小套型开发,政府和银行都会更支持一些,只要程序上不发生意外,银行一般还是给予贷款的。所以,写字楼开发要慎重。

综上所述,房企对自己开发的楼盘,设计时除留足7‰的物业管理用房和经营用房,以及与商品房开发规模相适应的会所等以外,尽量控制商业房面积,并尽量少开发写字楼。这对项目销售的顺利完成是很有好处的。

第7策
临街商业房设计须考虑通天烟道等

房企在项目设计中,经常会出现这样的情况,只注意到商品房的套型设计如何合理,小区平面布局如何漂亮、有气派,但却忽视了临街店铺通天烟囱的设计及其他相关要点。

一、案例

(一)酒店扰民引发大量投诉

凡临街底商的商业房,建筑物上部肯定是住宅。项目交付后,商业房经常开起餐馆、酒店之类的扰民行业,将引发大量的投诉,究其主要原因是排烟除尘设施未到位。一些房企缺乏经验,在项目设计时未考虑通天烟道的预置,留下巨大隐患。房主收到房子待开店时,把厨房油烟管接到室外,热腾腾、轰隆隆地大量对外排放油烟。上层住户不堪忍受,于是找房企或物业公司反映要求解决,或直接向环保部门投诉要求取缔。如果长期不解决,有的住户会向房企要求退房,有的上诉至法院要求房企赔偿。总之纠纷不断,剪不断,理还乱,让人烦恼不已。

（二）烟道处置不当招来投诉不绝

有的项目在多层楼的底商设餐饮，虽然多层楼考虑通天烟道，但因楼层太低，油烟虽已排出，却会随风飘向附近的高层建筑，于是又招来无尽无了的投诉。

二、建议

如何使项目设计既有合理面积的商业网点，又不扰民呢？笔者提建议如下：

（一）通天烟道必须预留并处置恰当

根据我国《服务行业环境保护管理办法》规定："所在建筑物高度在24米以下的，油烟排放筒应高于建筑物最高点并不得直接朝向居民住宅等敏感点；所在建筑物高度在24米以上的，油烟排放口设计应当符合环境污染防治要求，设计烟囱高度，排放口朝道路一侧或朝天空。"为了根治上述问题，通常做法是在总平图上预先确定临街商业布局，如饮食业、超市等首先安排的位置。如一个200亩地左右的大型小区，必须考虑不少于一处大酒店，四处快餐之类的饮食业布局。然后在设计时，从下而上，将餐饮点各对准一幢建筑物的外墙不显眼处设一条混凝土墙体空心烟道，贴外墙壁而上直通屋顶再伸出3m以上。烟道太低了，排出的大量油烟使顶层住户会受不了。预置通天烟道，每条可能要增加1~2万元造价，但相对于今后可以规避没完没了的纠缠，还是合算的。制作烟道还要注意跟踪质量，特别是砖砌烟道内壁必须用水泥砂浆抹平压光，俗话说：针眼大的洞，斗大的风。因为油烟会随风无孔不入，实践中有的油烟穿过砖墙缝隙从隔壁住宅室内的开关座里漫出,极易污染环境,造成投诉。

(二)临街店铺的后山墙必须开高窗

商住小区的开发,临街肯定有店铺。但设计时,必须预先考虑店铺的后山墙开高窗,即窗台离地1.4m左右,在店铺里人的眼睛可以看到小区里的景观,但过不去。如按通常的设计窗台离地90cm,就会太矮,做二级简易楼梯,人就进出自如。就会使小区不能封闭管理,增加今后物业管理的保安成本,小区的档次也会降低,房价受到影响。

(三)临街店铺消防通道必须保留

项目临街商业房凡设计有消防通道的,必须按图施工,留出消防通道,不可乱占,更不可将之作为店铺卖掉,否则工程验收难以通过,而且一旦出事还会被追究法律责任。

(四)临街底商高度应限制

二层底商设计高度不必超出4.2m,你如设计成5m多高度,出售时也只能算一层的价格,购房者不会因为你的店铺很高可做夹层就会出高价钱购买。而且一般底层的顶棚处必定会有消防报警系统、自动喷淋系统设置。你如把它建得很高,购房者就会在夹层那里动脑筋,并封闭消防设施,一旦发生火灾,房企仍回避不了责任。

(五)临街店铺设计配套设施要具备

临街店铺虽建筑面积不大,但也是一个独立使用功能区。所以,临街店铺最好每间设计一处小卫生间、一个独立水表和独立电表、一条独立电视光缆、一门电话网线等,方便使用。

（六）临街店铺设计地面不必装修

临街店铺地面不必贴地砖出售。因为业主购店后，不管自己经营还是租出去，一定会根据自己的意思进行装修，你如贴了地砖，费钱又不讨好，到时候人家把你铺就的地砖凿掉了会造成不必要的浪费。

总之，目前商住小区的开发，重头戏应放在住宅上，但店铺设计也是一个十分重要的问题。尤其是通天烟道必须预先设置，其他相关要点也要高度重视，以免日后生出许多细枝末节，乃至今后酿成大量的纠纷。

第8策
小区设计须重视公厕和垃圾站的设置

通常情况下,房企感到最头疼的就是小区的公厕和垃圾站的设置,而这两项设施又是地块中标后,必须出资建造的、不可回避的设施,因在中标地块的经济指标里面都讲得很清楚。如何积极应对公厕和垃圾站的设置,但又能做到变不利因素为有利因素呢,笔者建议如下:

一、必须积极应对公厕和垃圾站

地方政府在地块"招拍挂"时,对一个3000~4000户大型小区的建设用地,其经济指标一般都会规定建一座公厕和一个垃圾处理站。而房企中标拿到土地后,都是被动应付,有的千方百计与政府部门协商,把公厕和垃圾站挪到他处,嫌这两项设施虽然必不可少,但有碍观瞻,且易生蚊蝇腐臭,影响周边环境,使附近的楼宇商品房售价受到限制。但是地块出让的规划指标和条件是非常刚性又不能更改的,房企必须积极应对,予以最佳策划和最佳设计,化不利为有利。

二、认真做好厕所、垃圾站商圈的文章

这里介绍一个厕所商圈的故事，值得我们借鉴和深思。有一位新加坡华侨，名下拥有上亿的资产。有一天，传来这位华侨回乡探亲，村民无不欢欣鼓舞。然而他回乡后，村民们却又大失所望。因为按常理，久未返乡的游子在外发了财，回到家乡对乡亲们应有所表示，对贫困户搞点救济什么的，而他却没有做到，就是他的一位堂兄向他"借"点钱也予以拒绝。但他向村民们解释，愿意投点钱帮助村里搞开发。搞开发当然也可以，可是几天后，村民们却傻了眼。他一不开公司，二不办厂，却在村头那三岔路口的热闹处建起了一座厕所，还在门口显眼处贴了张告示，"如厕收费"。一时村民们哗然。因乡下人平时大小便都是随便找个角落应付了事，向人要钱，这不是赚黑心钱吗？但没想到，打这厕所一建起来，前来如厕的人还是很多。在这个三岔路口上，南来北往的人还真不少。以往，内急的人总是慌不择地，搞得这地方臭气熏天。自从这厕所建起来后，既卫生又美观，他们当然愿意舍小钱图个方便。两三个月下来，他就赚了一大把钱。

然而这位华侨并没有把这钱看在眼里，不久之后，他用这钱在厕所对面十几米处建起一家干净整洁的餐馆。村民们再次傻了眼，过往的客商们因为要解决"方便"问题，纷纷在这原本荒无人烟的地方停下脚步，一部分人也顺路就进了对面的餐馆。半年后，富商再次回到家乡时，餐馆已经生意十分兴隆，他用厕所和餐馆赚来的钱，又在旁边

开起一家修车店,提供洗车修车服务,同时开业的还有一家规模不大却窗明几净的旅馆。又是半年时间过去,村民们惊讶地发现,以往尘土飞扬的三岔路口,如今已成了附近知名的来往客商歇脚地,渐渐地,有头脑灵活的村民跟着做起了类似的生意。再后来开始有客商到村里考察投资前景。第二年,村里办起一座食品加工厂。开业那天,老村长亲自剪彩,他告诉乡亲们,"这座食品厂就是那位新加坡老乡投资所建",事后他还宣布,按照侨商的意愿,食品厂的建成,特聘请他的堂兄任厂长。有了这座食品厂的示范效应,几个月时间里,先后有客商到村里投资,建起了屠宰厂、农产品配送基地。而在这些投资者的经历中,有一个共同的情节,那就是首先是因为村头的那个厕所停下了匆匆的脚步。

上面这个故事告诉我们,虽然,一提及厕所,让人感到有所不恭,但厕所里面有商机,厕所可以形成一个大商圈。既然这样,我们何不借鉴别人经验,认真予以策划和设计,使公厕和垃圾站同时安排在某一个位置,周边搞一些商业配套项目,既方便群众,又不影响环境,变废为宝,变不利因素为有利因素,认真解决厕所和垃圾站的设置问题。

三、垃圾站和厕所所在的位置必须选择恰当

根据有关规范,一个 2500 套住宅的小区,按一万人入住,每天每人产生一公斤生活垃圾,则全年将产生 3650t 垃圾,每天产生垃圾 10t,约 20m^3。通常的做法是,物业公司

的清洁工在各楼层进行收集，转到地面的垃圾桶，然后由专人送到垃圾中转站，再由市政卫生运输车一天一次运走。存在的问题是许多城市环卫经费紧张，垃圾运输车配置不足，没有做到每个小区当天将垃圾全部运走，日运日清。有时数天也不运走，使小区的垃圾站每日垃圾溢出房子，产生臭味，且蚊蝇飞舞，严重有损环境卫生。今后开发的小区，面积越来越大，对环保的要求更是越来越高，小区每天产生的大量垃圾，如何及时转运出去，并使垃圾站周边环境不污染，势必成为各房企开发小区面临的头等大事。

因此，我们在设计时，首先要考虑建一个生态垃圾处理站，可与公厕并连在一起。在选址上可将此设在小区的西南角或东北角（因风水学在位置上有左青龙右白虎之说，一般青龙头和白虎尾不能建厕）。在公厕和垃圾站就近的房子，可考虑安置物业经营用房、物管用房、配电房等。特别是物业经营用房的功能可安排一个餐馆和一个小型旅馆，并考虑休闲活动场地。尽量远离居民住宅楼，使之不会影响这些楼宇的销售，因住宅是要突出以静为主的。

四、厕所和垃圾站建筑设计须超前、新颖、美观

公厕和垃圾站必须精心设计，在地面标高上应考虑可以适量下沉，尽量降低地面高度，建筑物造型必须新颖、超前、美观，并结合周边绿化景观尽量把它掩隐在绿荫草丛中。这样既不会影响观瞻，又不会对生态环境起破坏作用。而公厕的商业配套，一些大城市已有例子借鉴，如他

们把公厕的上部或旁边设置休闲茶室、超市、书店等,充分发挥厕所商圈的理念,既方便群众,又使投资得到收益,更重要的是美化了环境。

五、垃圾站建设须考虑生态型和自动化

关于垃圾处理站的建设,必须考虑生态型、自动化。上海已有厂家专门生产,总投资约 50 万元即可。该垃圾站的房子占地约 50m^2,屋内配有专用功能,如垃圾接收、挤压、成块、装车功能,全部自动化操作。主要是垃圾经挤压成块后,体积只有原来的三分之一,占地面积小,多放几天运离也无妨。

一个大型住宅区的总投资须十几亿元,但一个公厕和生态垃圾站投资不足 100 万元,但我们如不提前重视,待小区建成后公厕和垃圾站未很好处理或无处可设而引发投诉,或因此被有关部门处罚,就很不合算,还会给将来留下巨大隐患。

第9策
建筑基础设计施工须严把质量关

中国幅员辽阔,地质地貌构成异常复杂,如长江口冲积平原、黄河口冲积平原、沿海海洋冲积平原等。这就要求建筑设计的基础必须慎重,既要根据不同地质配置桩基,又要控制造价,不致浪费。由于桩基出事影响质量的例子不胜枚举。

一、案例

(一)打桩偷工减料造成重大事故

某房企建设多层建筑,有一幢照顾地方村民承担施工沉管灌注桩,合同造价40余万元。图纸设计桩长27m至持力层,但因管理不善,被偷工减料,在淤泥地里只打了22m深度,而且大量的桩还缩颈,钢筋笼设计9m却只配6m长。建成后的房子6个月向单边倾斜了约12cm。业主不肯收房,房企只好每户补给业主装修费5万元为赔偿,在木楼板装修时进行纠正。过数月该楼又继续倾斜,造成业主与房企打官司,法院判令必须由房企出资限时纠偏,这家房企请北京的专家来指导,经3个月的努力,耗资80万元,终于把房子纠正过来固定住。房子虽然正了,但原来装修铺平整的楼板这下子变成斜度,于是又花数十万元装修费补给业主拆除木楼板后重铺。如此来回折腾,这幢售价只有500余万的多层楼,赔了200余万元,这家开发企业的声誉一落千丈。

(二) 桩型选择错误损失惨重

某沿海地区一家房企建设一幢20层的楼宇,委托外省一家设计院设计图纸。地质报告反映该工程地质是淤泥夹杂砂砾层结构,在埋深27m处有一层厚度不足3m的砂砾层,必须穿透它,选择第二层埋深35m的厚砂砾层为持力层。外地设计院对沿海软土地质没有经验,设计使用锤击式预制空心方桩为桩基。结果大量的桩打不下去,无法穿透第一层砂砾层,30%的预制桩被打断成了废桩,成为工程事故,工期拖了一年,一筹莫展。后来委托本地区一家设计院重新设计,整改为钻孔桩才完成了桩基工程。

某公司建设5幢28层高的楼宇,为了节省造价,设计全部使用600mm口径的空心管桩,由于桩位密集,而且管桩的外壁很光滑,今天打下去一批群桩时,昨天已打入的桩上浮了数十厘米,造成工程事故,又是停工整改了一年多时间,得不偿失。如果当时立即设计钻孔灌注桩,虽造价较高,但可一步到位,质量得到保障。

因此,桩基工程千万不可马虎,不能全部让设计院说了算,房企工程负责人应提出建议,指导设计,然后严把施工质量关。

二、建议

(一) 项目设计应委托就近的设计院

我国南方地区地质属于软土地基，一般埋深 30～50m 处夹杂砾石层，勉强可作桩端持力层，而有的地基 50m 以内的地质都是淤泥和小量砂层构成。由于地耐力极差，使得摩擦力不足，从地质报告得出的数据十分不理想，还要靠经验结合起来设计，才能合理确定桩数和桩径及单桩承载力。因此，只有地块就近的设计院对该地区的地质比较了解，设计基础不会太保守，而造价还可承受。如果让北方的设计院来设计南方地质的基础的建筑物，或让南方的设计院设计北方地质的基础的建筑物，都会南辕北辙，造价很难控制，易造成浪费。

(二) 桩型选择必须慎重

沿海地区高层建筑基础桩型选择必须慎重，沿海地区如遇以上所述地质较差，则桩基投入造价较高，占土建造价的 25% 左右。因此各房企纷纷要求设计院进行改良，寻找桩基优化方案，于是各种桩型推向社会，施工办法和机具五花八门，可谓是一场基础革命。通常有预制空心高吨位承压方桩、预制圆形薄壁空心管桩、大口径钻孔灌注桩、377～420mm 直径振动灌注桩、简易人工钻取土桩、预制承压式实心小方桩等。一般高层建筑首选钻孔灌注桩、预制承压空心方桩等。其中钻孔灌注桩因现规范要求钢筋必须全笼放到底，造价最高，结合商品房每平方米造价约 200 元，占土建造价的 25% 以上，虽造价高，但桩径粗，挖土时，不会被挖掘机碰撞斜歪断裂，无须重新处理费工费时。唯有预制圆形空心管桩造价最低，一般比钻孔灌注桩低30％，但最大的缺陷是非常容易折断，在挖土时，大量的桩上部约3～5m处会折断，经动测不合格，于是人工进行上部接桩，却很费工费时。而管桩本身太轻，表面又太光滑，前几天一排排桩打下去，过几天其他群桩打下去后，前面已打的桩会浮起来，只好重新补打，很难掌握，且沉降太大，只能用于多层建筑为宜。

（三）合理确定承载力控制造价

建筑工程百年大计，基础第一。既不能为了省钱，冒险选择不稳不可靠的桩型，也不能桩数布得太多而造成浪费，所以必须认真把关。高层建筑应该使用造价最高的钻孔灌注桩，但在桩径、桩数上进行严格控制，不使造成浪费。通常做法是在扩初设计时，已经具备打桩图纸，先对照图纸打试桩，然后立即进行静荷载试验，得出报告交设计院。这时项目经理应该亲自把关，逐幢检查所设计的桩型、所布的桩数、桩径，单桩承载力计算，是否还有太多的富余。如有，就要向设计院提出减桩。根据设计规范，一根大口径承载力设计达300t的桩，在荷载试验时承载力能超过600t才算合格桩，经荷载承载力如达900t也有可能，这就大大超过原设计承载力，就可要求设计院核减桩数，调整直径，因国标规定直径是600mm、800mm或以上规格，我们可以设计为非标700mm直径，可以达到控制造价的目的。

（四）桩基工程施工质量必须认真把关

桩基埋在地底下，肉眼看不到。有些职业道德差的施工单位，会在施工时搞"小聪明"，乘机偷工减料。所以，桩基工程质量跟踪事关重大。除了监理公司派人值班记录以外，房企工程部应该在桩基施工期内，指派多人24小时跟踪。如桩的深度和直径，配筋是否已全笼放到，钻孔灌注桩的底部沉渣是否已不厚于5cm，还有混凝土的强度等级是否已达到设计要求，第一批试块是否合格等，都要细细把关，详细记录，防止出事故。

俗话说，百丈高楼从地起，说明桩基工程是何等的重要。因此，有经验的房企，都会对照地质勘探资料，选择适宜的桩型；同时，在施工桩基时，质量把关要极其严格，如是钻孔灌注桩，在钻孔后必须用线锤挂到孔底测试总深度、沉渣厚度，以及桩的直径、配筋、混凝土强度等级、钻孔总时间、浇灌混凝土的总时间等，无不细细监管，确保质量。

第 10 策
结构设计不宜采用全剪力墙

近年来,不少房企片面追求住宅套型舒适,而让设计单位把住宅设计成全剪力墙结构,虽造价高昂,结构牢固,但住户却不满意,结果得不偿失,下列情况与大家共同探讨。

一、全剪结构的优点和不足

(一)全剪结构的优点

通常的高层建筑都是设计框架结构,即电梯间和楼梯间的结合体以筒体结构,周边全都是框架结构,楼越高,柱子就越大,使住宅利用率偏低。而全剪结构是剪力墙和T形柱代替原来的框架结构。这样做住宅每个房间都看不到大柱子,利用率很高。再就是使用全剪结构可使同一层平面前后房间轴线不一定都要对直,因是剪力墙故不影响结构刚性,这样房间大小搭配更趋合理,所以许多房企都倾向用全剪结构。

(二)全剪结构的不足

经过我们的实践,全剪结构弊病不少。一是工程成本太高。框架结构的填充墙体是用砖砌的,成本每立方米不足 200 元,而剪力墙成本每立方米超 1000 元,结构总成本高出

15%，不利于控制造价。二是工期慢，由于混凝土墙壁的制作很有难度，焊钢筋和支木模及浇捣混凝土耗工很大，一般框架楼层可以8天上一层，剪力墙只能13天上一层，使合同工期很难实现。三是大片的剪力墙拆模后表面很光滑，于水泥砂浆粉刷不利，易产生空鼓现象，而砖砌墙体容易和砂浆粘合密切不易空鼓。四是现在的业主装修敢于标新立异，花样百出，全框架结构时，他们把填充墙挪一下位置，也是允许的，但全剪结构不行，他们无法丝毫加以改动。于是本来是房企花了大本钱，使每套房因无柱子而增加$5\sim6m^2$的实用面积，但业主非但不说好话，反而会很有意见。既然如此，我们何不搞框架结构，让他们在装修时自由发挥呢。当然，现在建设部推广商品房全装修出售，如果确实是装修房出售的，则剪力墙结构还是有可取之处。

此外，全剪力墙结构于外墙保温层不利。由于近年来国家法律、法规要求外墙设保温层，以达到节能效果。由于剪力墙容易导热和传冷，比不上砖砌填充墙，而且厚度也比砖墙薄，所以在设计图纸时，一般把混凝土剪力墙的外保温层设计厚度为5cm，而砖墙保温层厚度2.5cm即可。因外保温结构是用胶粉聚苯颗粒材料组成，外贴玻璃纤维网，加抗裂专用砂浆分层贴压而成，强度较弱，如厚度太厚，寿命不长，今后容易脱落。

二、建议

（一）商业用房和住宅架空层绝对不可用全剪结构

众所周知，临街商业房的最佳设计是用大空间大柱网布局。小区的住宅架空层主要作用是让人看起来有通透感。所以如用一条条实心剪力墙落地，则商业经营面积大大减少，造成极大的空间浪费。而住宅底部架空层也只看见很多的墙体，不起通透的作用，影响观瞻。

（二）应该首选框架和中筒式剪力墙结构

笔者经过多年实践认为，高层建筑应该首选使用框架结构。自从国家出台 $90m^2$ 套型占 70％的面积限制后，房间布局小而精，给框架结构的设计更加增加难度。但可以跟设计单位商榷，可用子母梁的办法，或增加偏梁的办法，或采用钢筋加粗，用量增加的办法，使每层楼的结构在刚性不减的前提下，梁柱网也能拉直。

总之，全剪结构是既浪费投资，又不讨好业主的做法，所以对于高层建筑，还是使用框架加中筒式剪力墙结构为好。

第3章

工　程

第 11 策
工程发包的合同控制

目前大部分房企发包工程没有全面实施总包,一般是把土建主体结构和建筑或门窗对外招标发包。而水电、消防、暖通、公共场所装饰、外墙涂料等,由房企仍自行对外再分包出去。因国家虽已出台规范合同的格式文本,但合同签订时双方的权利、义务方面,个别自拟的条款未详尽,违约责任以及处罚措施未说明清楚等原因,以致在履行合同过程中产生这样或那样的纠纷,有的协商不成还诉诸法律,皆是因没有很好的对合同进行控制之故。所以工程发包与承包合同签订必须遵守以下几项:

一、工程发包合同尽量坚持包干包断原则

凡是工程发包造成的纠纷,主要是签订的合同开口处或者说真空地带太多,致使无法决算,产生纠纷。所以必须重视以下几点:

一是合同条款必须注明"中标价+签证的联系单=决算"的原则,包干包断不得开口或留下真空地带。如果是跨年度的土建合同,允许"三材"价格上下浮动,其他一律包实不变。

二是发包工程所有细目的单价必须事前谈妥,并开出品名、单位、价格的清单作为合同的附件,一律不准设暂定价,做到"先小人,后君子"。防止今后时间长了价格产生大的变动,双方争执不清,会使决算久拖不决,当事人都不愉快,也减少了施工期间经常认价鉴证的麻烦。

二、工程发包应签订总包合同实施管理

住房和城乡建设部曾三令五申,责令工程必须实施总承包,不得肢解发包、分包等,对规范管理,确保工程质量确实是大有好处的。但是现实社会里因为"面子"太多,房企的老总不堪应付只能给予照顾,将诸如外墙涂料、门窗、水、电等由甲方直接对外发包。给予总包单位交2%或3%的管理费,在管理上仍实施总包。这种作法容易造成扯皮,因此应该注意以下防范措施:

一是所有工程原则上实施总包,如果有人吃"面子"可以用推荐信的方式介绍给总包单位,其工程款和分包合同都由总包单位与分包单位签订和付款,杜绝扯皮。

二是总包合同的工程款支付条款必须写明留足保修金,工程进度和质量应注明奖罚措施,工程决算办法应在合同的条款里预先注明。必须明确签订合同的目的,最终的目标是双方认真履行合同规定的义务,并为对方履行合同提供方便,以便使工程顺利完工,方便决算。凡是决算办理很方便的项目,肯定是合同的标的、价款或酬金、履行期限、地点和方式、违约责任以及双方约定的条款十分完备,无任何疏漏之处,也就是说合同的文本质量非常好所致。

三、甲方直接与人签分包合同也要不留"活口"

有些分项工程确实不能实施总包的,只能甲方自行对外签订分包合同,对这种合同必须斩钉截铁地包干包死,不留"活口"。当然有些工期长的分包工程由于人工工资提高,原材料涨价等情况。应在竣工决算时,经过市场调查,适度给予追加造价,这样被追加的分包单位就会认为房企有仁德之心,赢得社会口碑。否则合同如注明是开口的,他就会认为自己理由很足,不补白不补。

四、工程决算应该合理有度

2006~2008年度,钢材、水泥、木头等建筑材料飞涨,人工资提高一倍,两年前签订合同的工程,乙方绝对亏本,做为甲方如果不给予合理地计补,工程就无法决算。因此甲方工程部必须将两年来的材料、人工涨幅进行摸底,然后合理及时确定追加造价。只要乙方能有微利,就不会无休止地哭爹喊娘甚至来吵闹,发生偏激行为。某房企2005年开发一幢1.7万 m^2 的单体大厦,施工单位因为竞争需要按某省1994定额下浮18%低价中标。由于管理不善,先是发生地下室塌方,后来又因塔吊钢丝索断了,料斗空中掉下,砸死3个民工,被赔偿了数十万元。整个工程至验收时,已是亏损近百万元。于是,施工单位向房企追加造价,房企老总没有给予补助,而是严格按原来的合同决算,双方争执不下,承包商恶向胆边生,干脆捆一个炸药包到房企老总家里,扬言如果不给贴补,就与这个老总同归于尽,造成了巨大的纠纷。

如今,中央、地方各级党委和政府都以关注民生为己任,大力提倡以人为本,创造稳定和谐的社会氛围。因此,现行政策的贯彻与执行,乃至在司法实践中,若遇显失公平的情况,其天平往往会向弱势群体方倾斜。故此,房企在碰到此类个案时,应胸怀大局,心怀慈悲,不能滴水不漏,要及时给予追补造价,尽快做好决算,避免和防止对方有过激言语或行为的发生,这是最佳的处理方式。当然,万事都要有尺度,在"三材"等物价稳定的时候,我们一定要严格把住决算关,乙方一些不合理、苛刻、或带有敲诈性的要求,不能随意给予满足。

总之,一个质量好而决算又顺利的工程,工程发包合同控制是关键。特别是标的额很大的工程,房企老总应该亲自过问,严把合同关。

第 12 策
工程建设的质量和安全控制

工程建设的质量和安全管理是重中之重的大事。质量和安全的策划、控制、保证、改进是质量和安全管理工作中的四大支柱。质量安全管理是各方主体质量安全管理者的职责,并且需要全员参与,承担相应的义务和责任。

一、关于工程建设的质量控制

健全的质量管理体系是执行国家技术法规和技术标准的有力保证,对建筑施工质量起着决定性的作用,施工现场应建立健全项目质量管理体系,其人员配备、机构设置、管理模式、运作机制等,是构建质量管理体系的要件,应有效地配置和建立。为了确保施工质量能满足设计要求,并符合验收规范的要求,施工现场应建立从材料采购、验收、储存、施工过程质量自检、互检、专检,隐蔽工程验收,涉及各种质量检验,及对施工质量水平进行测评,寻找质量缺陷和薄弱环节,及时制订措施,加以改进,使质量处于受控状态。

"百年大计,质量为本"。每个房企的老总都会认识到工程质量极其重要。然而在房地产开发的实践中,有的房企为此也花费了很多精力，工程造价与同类建筑物相比造价不菲，但质量不但没有好转，反而引发大量的投诉，有损品牌的提高。造成这种被动局面的原因是多方面的，依愚之见，关键是房企未设专人把关，没有抓住质量控制的重要环节，因此，必须做到以下几点：

（一）关于土建质量通病的控制

现行我国建筑结构的设计，采用北京中国建筑科学研究院研发的PKPM结构软件，技术参数非常成熟，施工单位也普遍重视结构质量，加上质量监督站、监理公司、房开公司的三方联合监督，故建筑工程结构质量比较稳定，一般不会出事故。尽管如此，建筑质量的通病还是多方存在，这些质量通病主要是非结构方面的外墙、屋面、窗台、卫生间的漏水及内墙开裂、台阶沉陷等。

对于外墙的渗水，主要是砖砌体和混凝土框架梁柱结合处，因冷暖、干湿度等气候因素的变化而开缝。治理的方法是可在水泥砂浆粉刷前对墙体和梁柱之间用细格钢丝网片装钉，然后进行二道粉刷。意义在于砂浆里面有龙骨，细小的裂缝已被钢丝砂浆粉刷层拉住，形成一个整体保护层达到不开裂的目的。对于卫生间上下层的漏水，主要防治办法是在混凝土浇筑后用足够的时间进行喷水养护，然后可请专业人员对卫生间逐个做闭水试验，发现渗水处可用专用材料"水泥王"等予以补堵，或用M1防水材料整体刮一层，效果极佳。

对于屋面的漏水，应该改热融橡胶防水卷材为911聚胺脂油膏涂刮，因粘结力极强，不会脱层，可达到防水的目的。

对于窗台漏水的通病，必须是砖砌洞口与窗外框的间接处空间不可超出 2cm，然后用发泡剂粘堵，并在窗外框与外墙粉刷层结合部用建筑胶打一层，就可起到防止漏水的目的。

台阶沉陷是建筑物常见的毛病，其原因是单体楼宇设桩基础，一般不易沉降，而台阶是土方回填压实后，再用砖砌台阶基座，上部用石材铺装，时间久了，台阶就会沉降。治理的办法是在混凝土墙体上钻孔，然后用建筑胶植入直径 10mm 钢筋成排状，每条钢筋长度 3～5m，然后用 C20 强度等级的混凝土浇成 100mm 厚的板，再在上部砌钻铺石材，台阶与楼宇因成整体，可保持台阶永久不沉降。

（二）关于设备安装质量通病的控制

设备安装质量通病的防治有以下几方面。

一是给水 PPR 管子和 PVC 排水管的质量非常重要。这在给排水工程发包时，必须只能是清工和配件、挂架、预埋套管等的包出，管材和管件由甲供。这样虽然给管理带来难度，但甲方因自己进货，可以把住质量关。给排水管可以到大厂家选购 A 类厚壁管，然后根据预算造价的工程量发放给乙方，乙方根据甲供材料来安装，质量绝对有保证。否则如一律实施包工包料，承包商为了创利，是不会使用最好质量的管材管件，而是使用价廉的普通管材管件。而这些普通管子其内在成分是掺了大量的滑石粉，非常脆弱，只要在高处掉下一颗石子就会打破管子和管件，质量无法保证，因此投诉特别多。

二是小区总平排水管网应使用带铅丝为箍筋的混凝土管，如用预应力混凝土管造价实在太高，成本无法控制。

用无筋的混凝土预制管太容易破碎,在做路面时易被压碎和堵塞。所以用铅丝混凝土管造价较低,又不容易破碎。

三是安装小区总平市政给水管,要慎用黑色PE管,因该管无法兰接头,两根管子的截面用热融办法连接,如温度扣不好极易断口,埋深地下后一旦断裂,大量的水就会漏到地底下,物业水费消耗太大,因很难维修,今后就会涉及房企。应改用外钢内塑的钢塑管用法兰连接,虽一次性投资大一点,但可保一劳永逸,既牢固又卫生。

此外,关于电梯、水泵等设备必须使用质量上乘的产品。如使用低档次产品,不到三年即项目部还未撤出,就已开始维修更换,比第一次投资还费钱,而且严重影响房企的声誉。目前,我国住宅电梯品牌五花八门,许多杂牌电梯是采购来的零部件进行组装,售价很低,但寿命不长,灵敏度不高易出事故,适用于多层厂房还可,用于住宅则事故频发。因此,上规模的房开公司尤其是老牌房企,应选择三菱、日立、奥的斯等几种名牌的进口或组装电梯,而不能选择低价位的杂牌电梯。一个项目的开发,水泵和阀门的用量很多,质量也是关键,质量好的设备里面关键部件是全铜件,而质次产品关键部位是铁的,见了水会生锈,使用一段时间后锈住打不开阀门,有的会酿成大事故。

(三)房企应成立防治质量通病的技术攻关小组

有经验的房企是非常注意质量通病防治的,但是由于新技术、新材料的不断推行,施工工艺也要不断深入更新。如何指导施工单位革新技术,克服质量通病的发生至关重要。所以,房企应指派总工牵头成立技术攻关小组,落实固定人员和经费,制定技术措施和办法,并加强平时监管,确保产品质量。

关于质量通病的例子还有多处，挂一漏万，难以一一说清，关键是房企应派专人把住质量，要在思想上引起高度重视，做到防患于未然，一旦发现细枝末节的问题，要及时不惜工本予以根治，防止业主大量投诉。

二、关于工程建设的安全控制

建筑施工的安全管理也是房企的一项非常重要工作，它关系到企业的财产和人员的生命安全，甚至关系到当地的经济发展和社会稳定，项目一旦出现安全事故，就会影响企业的声誉和售房的困难。因此，在施工中必须贯彻"安全第一，预防为主"的总方针，切实加强安全管理工作。有关建筑安全隐患的特点和防范措施如下：

（一）建筑工地安全隐患的特点

一是建筑施工多数是露天作业，受环境、气候的影响较大，工作条件差，安全管理难度大。

二是建筑施工为多工种立体作业，人员多、工种复杂。施工人员多为季节工、临时工等，多数人没有受过专业培训，技术水平低，安全观念淡薄，施工中由于违反操作规程而引发的安全事故较多。

三是建筑安全涉及面广，它主要涉及高处作业，还有电气、起重、运输、机械加工和防火、防爆、防尘、防毒等多工种、多专业，组织安全技术培训难度较大。

四是建筑施工流动性大，施工设施、防护设施多为临时性的，容易使施工人员产生临时观念，忽视施工设施的质量，不能及时消除安全隐患，以致发生事故。

五是建筑工地现场安全防范的重点是高空坠落、起重设备伤害、触电、坍塌和物体打击等等。

（二）安全措施投入不足是频发事故的主要原因

目前建筑工地发生的安全事故多为钢筋、木模工高空作业坠落，塔吊的吊钩钢丝绳断掉物体砸伤人，建筑物"三保"、"四口"未及时封闭，以致人踩空掉进基坑或电梯井，或脚手架钢管陈旧或搭设不规范整片坍塌等。对于安全工作，地方建设部门的安监站、监理公司、施工单位安全员等平时抓得也很严格，但百密还有一疏，事故还是频发，很多工地因此被主管部门责令停工整顿。

存在上述安全问题的主要原因，一是施工单位多为竞争低价中标工程，为了创造利润，只好在安全设施上动脑筋，尽量减少投入，达到节省安全设施费用的目的。二是建设单位因为赶工期的需要，对施工单位的安全工作很少过问，有的对存在问题采取包容态度，遇安监站责令停工处理时，建设单位还多方出面"吃面子"，使其未整改完成就重新开工了。三是个别监理工程师"吃里扒外"，拿着建设单位工资，屁股却坐在施工单位一边，没有强令施工单位增加安全设施投资，而且多为帮助施工单位在安全措施投资方面动脑筋如何节省投入。

（三）根治安全问题的重要措施

房企是项目投资的主体，一旦出现安全事故，除了追究安全事故的责任以外，造成停工整顿拖延交房损失还要房企承担，因此，一是对每个项目必须自行配备安全监督员，配合施工方安监员，每日巡逻工地，对存在的隐患及时开具书面整改通知，对不服从者可以采取扣发工程款等措施，强制性让施工方整改，确保不出事故。二是除了承包合同以外，甲方应再设一块安全奖罚经费，对安全工作做得好的标段给予额外奖金，反之则要处罚，这样很有效果。

综上，房企必须做好工程建设的质量和安全控制，将之做为房地产开发全过程中的最重要环节来抓，确保不出事故。

第 13 策
工程建设的进度控制

每个房企经营者的头脑中都会意识到准确把握施工进度的重要性,因为在售房合同中,这是一个敏感而又严肃的条款。如果交付使用日期拖延,房企就要支付给业主一定数额的违约赔偿金。在房地产开发建设的实践中,没有按照售房合同规定的时间交付的案例是屡见不鲜,出现这些情况的原因是多方面的,既有客观方面的原因,又有主观方面的原因。如台风、暴雨、洪水、沙尘暴等天气方面不可抗力因素的严重影响;突然出现安全生产事故,被行政执法部门勒令停工整顿;还有房企对不可预见性的诸方面的因素考虑不周全等。所以,有的房企尽管留有余地将竣工交付使用的日期定得较晚,参与施工的各方也都在紧赶慢跑,到头来还是没有赶上,最后业主因交房拖迟要求房企给予补偿的例子还是有很多。因此,对工程进度的科学控制,按时交付使用十分重要。

根据房地产业国际通用管理标准有关工程进度管理的规定,结合平时对工程建设进度管理的实践,有以下做法可供大家参考。

一、承包商应提交工程进度计划

1. 一旦合同签订，承包商应再提交一个相对准确的最新修订过的进度计划，并附两份清单，一份是承包人设备的主要项目清单；一份是劳务组织与职员以及合同期内各种开支预测清单。

2. 在工程计划的实施中，承包商应不断进行实际进度值与计划值的比较，按期对工程进度计划进行修订，并定期递交报告。

二、监理工程师应对进度计划全面控制

1. 监理工程师根据现场具体情况与承包商所做的开工准备工作，选择合适的时机发出开工通知。竣工时间从开工日期算起。

2. 监理工程师根据合同规定，工程实际情况审查承包商提交的工程进度计划的以下几方面内容，以便提供建设性意见。

(1) 按合同工期完成工程的实施程序、施工部署和任务划分。

(2) 网络计划周密程度，确保主导工序按时完成的施工方法、技术手段、组织手段。

(3) 施工各阶段的材料、机械及人工投入情况、平面布置。

(4) 工程费用流动计划。

三、及时核算工期延误

由于承包商以外的诸方面原因造成施工期延长的，监理工程师可据实批准延期，依据开工令、合同工期、延期等核算竣工日期，并作为兑现合同、结算工程款的依据。

四、确定阶段性计划进度控制点

进度控制就是目标明确、现状清楚、对策具体、及时总结。完善以事先控制为主的工作体系，阶段性地检查实际进度与计划的差别，并分析找出原因，找出偏差。寻找各阶段计划进度控制点，看网络计划中主导工序的完成情况，对有关进度及计量，召开进度协调会。此外，应有确保主导工序不突破工期的对策措施，阶段性工期被突破后督促承包商建立新的平衡。

五、按"一比三"的方法进行工期进度控制

拿一幢20层的大厦来说，其打桩、挖土围护、施工地下室及至主体框架结顶需要一年的话，我们应把交付期定为三年较科学，此为"一比三"进度控制法。因为砌砖粉刷、水电、消防、暖通、电梯等的设备安装及公共场所装修足足也还要一年时间，而工程因政策和自然条件等不可预见的各种拖延因素的存在，以及目前对住宅竣工总验收前，还要先对消防、人防、环保、避雷、智能、电梯、煤

气、空气、绿化等进行检测和验收，耗时至少半年。而规划测量、竣工备案、房管面积实测等也至少要半年，如此掐指算来，大型单体工程从开工打桩起至竣工备案止，起码需要三年时间。所以销售合同交付期应定于开工后三年较为合理。如果是数十幢楼宇的项目，可以分期交付使用；如果是一次性交付的，起码要有四年以上才可交付。

浙江绿城房开集团的赶工做法值得借鉴。他们在结构主体未完工，单体建筑的周边防护网和脚手架未拆除时，就对地面的园林景观绿化同时开工，仅留下管网位置在建筑完成时施工。这样总工期可缩短半年，而且植物成林率可提前一年半左右。

六、推行奖罚措施

为了使工程顺利建成并按时完成，期间进度应常抓不懈。土建工程发包合同必须要详尽地注明奖罚措施，乙方为了得到奖励或者避免罚款，工期就会安排得很紧凑。如果没有严厉的奖罚措施，乙方就容易缺乏责任心任其自然，易造成磨洋工，以至贻误工期。

七、及时协调总包和分包单位的矛盾

乙方承包工程，一般清工又分包至各班组。近年来由于人工工资涨幅较大，清工班组一般都会认为原清工合同工资太低要求增加。而总包单位又不同意追补，双方产生矛盾，如不及时协调解决，清工班组经常会停工，严重的还会集体"撂挑子"辞工。所以甲方虽已将工程总包出去，但也不能当"甩手掌柜"，还要派专人密切关注总包与各清工分包合同履行的情况，及时协调解决总包与分包者出现的矛盾。

八、合理增加造价确保工程如期完成

这几年来，我国的通货膨胀率一直在 7% 上下浮动，物价不甚稳定，因此甲方必须面对现实，首先要给务工者一个表达诉求的平台，其次是及时受理施工期间的人工资及材料涨价的增补要求。小项的追补，可以签联系单认可。大项的增补，双方补签合同，与其工期拖下去被业主巨额赔偿，还不如及时给乙方追加工程款，毕竟工程造价的基数占总投资比例不很大。

九、图纸已设计的内容必须全部施工到位

我国自 2004 年后就有设计规范规定了住宅使用外墙保温和中空玻璃门窗等节能措施。许多公司在操作时不重视，认为审查通过的图纸虽有节能设计，可以不做，到时请设计院出个联系单取消就是。但是，2007 年 10 月国家出台验收强规，规定未做节能的工程一律不予验收。这样苦了已设计但未做节能的项目，因大量的工程已经竣工等待验收，设计院又不敢出联系单更改，审查部门也不敢盖章。于是许多地方的规划建设局实行通融办法，即外墙保温改外墙内壁保温。而中空玻璃则把单玻去掉，改成中空玻璃，方

可同意验收。这样虽也奏效，但房企为此耗费数百万元不说，工期至少延长三个月。

总之，工期和质量、安全同等重要，房企经营者一定要将它摆到重要的议事日程上，有经验的房企会牢牢把握住施工的进度，以免工期延长后，带来不必要的经济损失。

第 14 策
消防工程的质量控制

我国对新建建筑物的防火设计和施工安装等规定极严。建筑物的起火原因是多种多样而复杂的,因为建筑物是人们生产和生活的重要场所,存在着各种致火因素。概括地说,建筑物火灾是由使用明火、化学或生物化学的作用、用电、纵火破坏等引起的。具体可分为八大方面的原因:生活用火不慎、玩火、吸烟、自燃、违反安全规定、电气、放火和其他。

据媒体报道,近些年来,全国各地屡有娱乐场所、商场、工厂等发生重、特大火灾事故,造成多人死亡和重大经济损失。特别是 2008 年 1 月 2 日,新疆乌鲁木齐市某国际广场突发火灾,过火面积 6.5 万平方米,1046 个商铺、2000 多商户和业主蒙受损失。大火连续烧了 68 个小时,损失达 10 多亿元。其原因是消防配套设施形同虚设,商铺排设拥挤不堪,消防通道都被占道经营,起火原因竟是一个卖扫帚的摊位煤炉起火。由此,我们应该认识到,消防问题是一个关系人们生死攸关的大事,必须引起高度重视。现在,国家对在建工程的消防图纸审批和竣工验收更是异常严格,一旦出事,就对直接责任人和间接责任人追究法律责任,全国各地已有多名房企的法定代表人,在出了重、特大火灾事故以后，因涉嫌玩忽职守等罪名，被追究刑事责任。前车之覆，后车之鉴。故此，对在建工程的消防配套设施及安装有以下几方面重点，必须密切注意。

一、图纸已设计的所有设施应全面到位

针对执行消防法规的严肃性，各设计院自然会认真对待，不敢懈怠。但是过去很多房企总认为设计院设计的图纸在消防方面太浪费，应予优化，建议把烟感探头和喷淋头数量加以限制。现在这样做可能因小失大，留下隐患。所以凡是图纸有设计的必须全部施工到位，以免出问题时被追究法律责任。

二、设计漏项的消控项目应予及时补上

消防规范要求高层建筑物每层管道井须加以封闭，防止井内发生火灾后从下自上烧毁所有的电缆等设施，但是毕竟还是忽略了每层管道井也是容易出现火灾的隐患之处。因此，尽管图纸不加以重视未与设计，但我们施工时，应用联系单告诉安装单位，在所有楼宇的每层管道井里，应补充安装1只烟感探头，以使得管道井因线路不畅或老化而产生火花能及时报警。一个大项目在管道井里增加烟感探头，整个造价仅需数万元而已。

三、消防验收前的电气检测必须认真把关

一个大型项目,在消防验收时,专业验收部门无法对所有的报警点进行试验。大量的测试工作只能由专业检测公司完成。所以房企对此应该真抓实干,不能雨过地皮湿,走走过场。要派专人跟随检测人员对所有的设施进行检测,对检测中发现的问题立即加以整改,待整改完成后申报验收。

四、凡消防未经验收的项目坚决不得交付使用

有的房企由于交房时间紧迫,无奈只好把某楼先交付使用。这样就造成了消防未通过,无法竣工备案办产权。而预先交付使用的业主,一般不听房企劝告,擅自挪走消防设备,或不启用消防报警系统和自喷系统,就在顶棚处做吊顶,导致消防补验收时要拆除吊顶,产生很多纠纷。所以,未经消防验收的项目绝对不能先交付使用,丝毫不得违反,否则后果不堪设想。

五、消防控制室和地埋管网必须规范配置

建筑物的消防控制室非常重要,主机必须备有足够的报警点容量,因为是对整个小区或整幢大厦的报警装置的控制作用,控制点数还应备有余量,不能一次性全部占满。

因为消防验收和今后使用过程中，如认为某些地方还要增加烟感探头，都要与主机进行联系，以达到监测的目的。小区的地埋管网亦十分重要，管径要粗，备足线路通畅位置。许多小区就因原地埋管径不够，只好临时无套管保护布线地埋，容易被破坏，达不到报警要求。

六、消火栓和喷淋系统管路必须规范连接

建筑物的消火栓和喷淋系统的管网连接非常重要。不少小区使用PE塑管并用热融焊接，有的虽用镀锌钢管但以丝扣连接，使用寿命不长，易断裂漏水，造成屋顶消防水箱无水可储，使每个消火栓无水可喷形同虚设。所以，消防水管必须采用质优厚壁镀锌钢管，并须用法兰连接，不易漏水，确保屋顶水箱储水满足，然后四通八达到各消火栓和喷淋位置，保证任何时候不缺水。

七、加强居民消防知识和逃生培训

各房企在项目竣工交付物业时，必须督促物管公司和业委会成立消防领导小组，加强消防知识的宣传与培训，还要制订出消防的应急预案，有条件的小区还要组织居民模拟事故发生时的逃生培训，以应付突发的不测。并经常检查、调试设备，发现设备老化、毁坏，就要立即更新。

上述消防控制措施必须高度重视，缺一不可。只有认真把关，各方负起责任，是可以断绝事故的。

第 15 策
人防工程的质量控制

进入新世纪，虽然"冷战"已经成为历史，世界开始由"单极"逐渐向"多极"化转变，但是当今的国际政治、经济仍风云变幻莫测，台海形势变数甚大，战争的因素依然存在，战备观念必须加强，因此，房屋建设工程必须符合人防要求是国家强制执行的政策。

人防设施建设的目的是体现国家的战备策略，是为了防范和减轻空袭的危害，做到平战有机结合。其意义在于充分发挥地下和空间的资源，最大程度地发挥其战备效益、社会效益和经济效益。人防工程需认真执行"长期准备、重点建设、平战结合"的人防建设方针，坚持因地制宜、以点带面、明确指标、安全可靠及经济建设协调发展、与城市建设相结合的原则。确保人防工程在预定的时间内达到战时的防护标准，充分发挥战备、社会和经济效益，全面提高城市总体防护能力。人民防空工程建设的设计、施工、质量必须符合国家规定的防护标准和质量标准。人民防空工程专用设备的定型、安装必须符合国家规定的标准。所以从长远眼光看问题各房企必须要认真对待，应做到以下几项工作。

一、项目工程必须投资建设人防

按照国家的法律、法规以及有关规范性的政策规定，房屋建设工程如果人防设施未跟上，须按每平方米 2000 元的价格，缴纳给国家和地方政府，再由国家和地方通过转移支付的方式，投入到其他人防项目中去。若按照这个收费标准测算，还是自己做人防较合算，所以让设计单位按规定将应做人防的面积全部予以设计。因为每一幢建筑物对地基埋深都是有要求的，特别是高层建筑，由于结构埋深的要求，一般都要做 3～4m 深的地下室，其成本每平方米已达 1500 元，如改为人防地下室，只须再投每平方米 500 元就可。如果我们将地下室不做人防，被人防办追缴全额人防易地建设费，这就亏大了。

二、认真核准审批面积

项目地下室工程要做多少人防面积，一般说来，设计单位第一次设计的人防面积与当地人防办确定的面积很难相符。所以，项目在扩初设计时，就应将图纸呈报当地人防办核准，以使施工图报批后人防面积没有差异，便于顺利开竣工后及时提交验收。

三、平战结合方案必须同时考虑

住宅地下工程应要考虑停车泊位，房企一般做法是把战时的人防面积暂不到位，尽量腾出位置增加停车泊位。但是因地下室造价太高，房企必须将其出卖或出租，以收回造价。一旦与使用者签订合同，今后就拿不回来，所以不能单从经济效益看问题，应把战时人防设备用房留足。平战结合主要是做好使用功能的转换，在战时紧急清理场所，流通各入口，拆除与人防无关的管线、设备等，检修工程内部设备，确保工程内的通风、用电、给排水能正常使用，并构筑战时干厕、防化值班室、战时水箱等，确保人防工程在预定的时间内达到战时的使用标准。

四、战时使用的设备应同时到位

今后，我国人防政策的执行将越来越严格，如果建造地下室不把战时人防设备如发电机、水箱、排烟风机等安装到位，就要向当地政府交纳相关的费用，而单价肯定比自己现在投资更高。从西欧如瑞士等平战结合较好的国家的经验来看，今后全国各地的一些居民区逐渐会定时搞人防演习，这些战时的设备平时训练时都要使用，好在投资并不是很大，在项目投资统筹时加以考虑，比今后临时再添置更合算。人防战时关键是设备的到位和口部的封堵，如各防护单元之间的连通口部临战封堵；防空地下室的对外连通口部的外部临战封堵。关于防空地下室各防护单元均设有一个进风口部，一个排风口部。进风口部由密闭通道、扩散室、滤毒室、进风机房等组成。关于具体设施配置方面有测压计、钢板水箱、发电机组、脚踏电动两用风机、除尘器、过滤吸收器、手摇泵、手动密闭阀、人防门、音响信号系统、防爆破活门和防护阀门、防爆电缆井等。这些设备都需要一次性安装到位,不留隐患。

五、人防地下室土建高度和整体埋深兼顾造价

人防地下室土建结构造价很高,一般梁高度达1.4m,板厚25cm以上,其整体高度比普通地下室要高得多,通常做法不低于4m。因要考虑送风排烟的风管及消防喷淋的管网,双管重叠交叉而过,室内净高度已是很低。再则,人防地下室因本身高度已很高,而且通常做法是混凝土板背埋深离±0.000地坪1m,使所有的排水排污管子从上面走过。再加上地下室底板、承台的埋深,挖土深度达6m左右。如果人防地下室独立设在中心花园下面的,则担心会整体浮起来,一般桩基采用抗拔桩,则钢筋全笼放到底。基坑挖土、围护及打桩造价异常之高。为此,为了控制造价,建议中心花园地面尽量做成浅水景观,不种大树木,这样该地下室车库不用埋深1m,挖土深度5m左右就可。拿一个1万m^2的车库来说,挖填土造价可节省百余万元。但如果中心花园地面考虑绿地的,则要实实在在地把地下室挖下去达到设计深度,否则浮土未达1m厚,绿化测量就很难通过。

六、人防经验收后方可使用

人防工程在施工过程中,必须及时请当地人防办来检

查指导,认真听取他们所提出的意见和建议,及时地查漏补缺,为今后验收工作能顺利通过争取便利。现在各地对人防工程的验收一般是由县级人防办组织,由地市一级的人防办持证专业工程师来正式验收。工程一旦竣工,必须及时请他们验收,取得合格手续。此外,人防门及其他设备尽量使用人防办指定的生产厂家的产品,这样以利验收顺利通过。

由于人防工程已经占有民用工程建设方面的一个重要位置,所以,我们在项目设计、概算、施工时,应该做为一个重要环节来抓,确保人防工程按规定建设并顺利通过验收,达到整个项目及时竣工备案的目的。

第16策
总用电容量的投资控制

近些年来，随着人们生活水平的不断提高，商品房的用电量也与日逐增，以一个20万 m^2 建筑面积的小区为例，须设计总电量不少于1万 kVA，按每 1000kVA 设一台变压器，则需要10台干式变压器。巨大的用电量加之有色金属材料价格大涨，这些高低压配电柜、变压器、室外电缆等配套设备，生产成本也连年增加，与三年前相比，已经翻了一番多。为了控制投资，许多房企在设计图纸的总用电量上打起了"小算盘"，想方设法降低总用电量，以降低工程的造价。这样的做法其实得不偿失，因为用电的总容量不足，很快会产生严重的后果。但是，如果不精打细算，至使用电容量大增也是不可取的。所以，在用电总量确定方面，必须要合理计算，杜绝浪费和虚高。因此，如下一些思路可供参考。

一、改集中式供电为分散供电

一般住宅小区根据区域布局，设计单位往往是布置5～6个配电房，每个配电房都配有干式变压器和数十台高、低压配电柜，以及设一台自备发电机组，分区域集中供电。

但配电房与楼宇之间，配电房与配电房之间需要大量的电缆连接。而且这些配电房大量地占用地面以上容积率，因而侵占商品房经济指标很不合算，而且还需较大一部分土建造价，再加上由于目前铜价约6～7万元/t，造价非常之昂贵。据此，可改为箱式变电所分散供电。即在小区的绿化带中，根据楼宇布局设多个小型箱式变电所。由于箱式变电所面积小，无须土建造价，在容积率和密度不高的小区，把之巧妙地安置在绿荫草丛中，也不妨碍景观，但可以达到控制造价的目的。

二、设备尽量争取甲方采购

由于强电的安装一般都是归当地供电部门下属的经济实体承揽，属于独家经营，缺乏竞争。因此，按照供电部门的预算，设备费和各种费率都比较高，房企要争取尽量主动与当地供电部门搞好关系，争取他们的支持与理解，做到设备甲供。或由供电部门指定厂家，价格由甲方出面压价，设备的采购最好到原产地，这样可以减少中间环节，压低单价，也可达到一定的控制造价的目的。

三、设备设计应选择普通类型

强电的一系列设备中属高低压配电柜造价最高，目前我国配电柜有三种类型可以选择。一是进口配电柜，二是国产双电源抽屉式配电柜，三是普通型配电柜。关于普通型配电柜质量也很好，使用寿命很长，又便于维护，只是体积较大，但只要配电房面积还有宽裕，就可以使用普通型的柜子，造价可以节约30%以上。

四、小区电缆的管网管井由甲方直接分包施工

小区内的管网管井造价也有数百万元，埋设的工艺并不复杂，专业技术要求不甚高，可以从总配电预算中减出，予以独立分包给土建单位施工，这样可以节省一些投资。

五、集中式供电的小区配电房尽量设在地下室

有些大型小区，无法用箱式变电所供电的，只能设专用配电房，但占地面积较多，而且含基础每个高度要求在4m以上，如在地上安排配电房，既占了项目的容积率，又会占了大量的绿化面积，所以，只能在地下设置更合算。考虑到南方地区易发洪水，供电部门一般不同意配电房设在地下室。所以，应与供电部门协商，把众多的配电房还是设在地下室较好，但要加强地下室入口的防洪措施和配电房位置的应急抽水设施，以及做好通风和防潮措施。在洪水期间日夜派人值班，只要有切实可行的防范措施做保证，供电部门还是可以通融的。

六、强电总容量设计须经专业人士审核

关于小区的强电一般都是由各地供电局自己的设计室设计，在总容量方面可能大有富余，使房企增加经济负担。因此，在供电部门设计出图后，应该请其他专业人员审查，发现计算失误，或重复计算的容量应提出纠正，防止投资浪费。

总之，通过上述几种办法，达到节省造价的目的，但绝对不能急功近利，有意降低用电总量，以防今后用电严重超容而发生火灾等事故。

第17策
竣工验收的程序控制

因房地产项目建设周期长,常遇变数,因而不可预见因素太多,一旦出现不可抗力情况,工期就会延误,交付期也推迟了,但售房合同白纸黑字,一旦延迟,开发商就要给予业主一定数额的赔偿,否则就会带来大量的投诉,有损企业声誉。而赔偿数额动辄就是数百万乃至上千万元,一些房企为了规避交房期延误的赔偿金,经常将未经验收或备案的房子先交付使用。结果带来的许多问题多年解决不了,以至房产权证也长期无法办理,引发大量的投诉。

一、未备案先交房的教训

(一)增容补出让金久拖不决使工程延期备案留后患

有一家房企因违规操作,擅自增加容积率,被规划部门发现,遂派出规划监察人员前来拆除。该房企不服,因地块中标后进场受阻,政府有关职能部门又袖手旁观,没有积极地协调解决,房企只得赔偿农民巨额资金,造成很大的损失,政府有关职能部门又不补偿。曾有一位政府领导口头答应适量可增容,今后处以少量罚款处理,所发生的效益可以弥补损失。现在因为被拆除了已预订出去的房子,担心购房者大量投诉,所以把工程停下来与政府办交涉。一来二往地耗时8个月,待问题解决了,重新开工导致交付期已严重拖延,唯恐被购房者索赔,来不及办备案手续,只得将房子先交出去。但事后建设部门认为此举违章,不给备案,故也不能办产权。如要承担罚款,房企又不服,因多种原因项目已亏损,无力再承担赔偿责任,只好拖了下来。但业主们因无法取得产权天天告状,搞得这家房企痛苦不堪。

(二) 屋顶改建无法备案酿祸端

一家房企因为台风灾害和工程事故的影响,开发的小区被迫交付期拖延,于是未经正式验收就先交付使用。但是该小区屋顶设计跃层,采用斜坡屋面盖上彩色水泥瓦。因设计的缺陷,不太好使用,于是交房后顶层业主就擅自在屋顶进行改造。有的把部分斜坡扶正开窗当房间使用,有的干脆扩大面积搞二层平顶屋,致使40个单元80套跃层房被改得面部全非。屋顶改建造成下面标准层业主大量投诉,于是规划部门责成房企去制止。但房企制止不了违法装修,规划监察部门只得亲自派人来拆除这些被改建的部位,但也难以制止,只好不予规划验收而了之。但规划通不过备案更无法办理,如此以来办产权时间拖了数年,业主投诉之声不绝于耳。

(三) 工期延迟物业基金无人交

一家房企由于各种不可预见原因造成工期拖延,也只好先交付使用,有知情业主把消息捅出去,说该小区虽已验收,但未办备案手续,会影响办产权。这时一批人与房企交涉,同意先收房,但物业基金不交,待备案后可办产权证时再补交。这家房企赶快办了备案手续，进入房产总登记。回头催促业主交物业基金时，没有一户肯交。这里产权如拖迟办理，售房合同已注明要给予赔偿。没有办法，房企只好自己垫资数百万元物业基金交到房管局。但该款虽然由房企自交，但不能进成本。还要为此承担33%的所得税额。

（四）未备案未实测无人来交房

一家房企开发一个300多亩地的别墅区，因无经验，把交房期定得太紧迫，只好未办备案手续也未实测面积通知交房，按预售合同先结清房款。于是300多套别墅的业主干脆都不来交房，通知发出后一年时间也只有很少的业主来办理交房手续，偌大一个小区竟空空如也，为这个小区唱起了一个现代版的"空城计"，房企老总只差摆上一架古琴，执一把鹅毛扇，身旁立一个侍童，便成了诸葛孔明。这还不算，为了防止小区内的各种设施被"梁上君子"盗走，他只得雇请50多名保安日夜巡逻穿梭，经费支出自然不少，房企为此叫苦不迭。

二、其他造成延迟交房的原因

除上述案例以外，目前各房企因交房延迟被业主投诉的还有以下几方面原因：

（一）绿化率和绿地率概念不清影响备案时限

项目竣工备案前，先要经过规划测量面积和绿地测量面积。其中绿地如果经测量后有关部门认为面积不足，就会被处以巨额罚款，否则无法进入备案程序。而房企在小区建设时都是在已审批过的总平图的位置内建房子,根本不敢擅自扩建侵占绿地,但结果还是因绿地率不足出了事。其原因是房企把小区内凡是填上泥土,种上植物草皮的都认为是绿地,一般可占总用地面积的42%左右。而规划部门在实测时,只认定绿地率,会因为各种规定对现有绿化率进行扣减,结果使得绿地率未达30%,房企稀里糊涂地被处罚,有苦无处说。因此,房企在报批的总平图上必须标明绿地率而不可标绿化率,且指标不要定得太高,以免自讨苦吃,防止与有关部门扯皮而延误了交房时间。

(二)房管部门实测面积滞后也是影响交房时限的关键

房企把房子建成,经各方验收合格可以交付使用。但必须要有房管部门提供的实测面积成果方可交房。而现行政策规定,工程须经建设部门备案后,方可进行实测。而工程备案非常繁琐,最顺利的话也须二至三个月,房企不可能将已验收合格后的房子再等数月后交付。通常的做法是房企必须到房管部门要求先予实测,然后按实测面积先交房,待过数月工程备案后,到房管部门补盖实测成果书上面的公章,这样才可勉强理顺。

(三)工程资料不全也是备案难以通过的主要弊端

目前法规对建设工程的备案非常严格,不仅是对前面很多项诸如人防、消防、环保、防雷、电器、智能、空气、电梯等的专业验收必须逐项通过,缺一不可,而且对所有建设全过程的资料查验异常苛刻,一旦资料稍有不全或其他因素,则备案被拖三至六个月很正常,房企普遍将此阶段视为过"鬼门关"。如果备案无休止拖延,就不能为业主办产权证,极易引发投诉。所以,房企不但狠抓工程质量,确保验收顺利通过，而且在建设工程中须派专人督促施工单位认真做资料，使得能够及时备案。

上述情况很难一一列举，总之房企绝对不能将未经验收和备案的住房先交付使用。如果实在逾期交不了房，宁愿被业主索赔，一般合同注明是购房款总数的1％左右，按每套50万元的商品房以1000套房子为例需赔500万元。但如果违规交房，则今后派生出来的许多问题，其赔偿和损失要超出好几倍，所以千万不能违规交房。

三、竣工验收程序控制

那么，怎样做到及时竣工验收并按时交房？这就要对竣工验收进行全过程控制，以下经验可供参考。

（一）工期测算与交房时限必须留有余地

与客户签订的购房合同里面，有一条主要条款是交房时限，这就需要把工程部和行政事务部负责人叫在一起认真讨论。一是考虑工程的打桩、挖土、主体框架、砌砖粉刷和设备安装、附属管网和园林绿地的实际工期；二是要考虑气候变化如台风、暴雨、沙尘暴、下雪天等的耗时多少；三是要考虑如增加容积率，须土地评估、补缴土地出让金的来往时间，以及规划测量时万一绿地率不足如何处置；四是工程竣工验收后的整改、复检及备案的耗费时间。经过综合考虑研究出何时为交房的正确时限，多计足不可预见因素，方能最后确定交房时限，写进售房合同。

（二）各种行政审批事务与工程建设同步进行

造成交房时限延迟的主要弊病是工程建设期间忽略了

及时开展各种审批手续的事。工程竣工备案之前必须完成规划建筑面积和规划绿地率的测量,以及房管部门对已竣工房子的实测并出报告报主管领导审批,还有就是及时申报当地政府地名办确认幢号、房号等。这些事务在未等到项目竣工验收前就要穿插进行,与竣工验收同步完成,防止项目竣工验收合格后仍无法交房。

(三) 人防、消防、环保等专项验收必须尽快完成

关于项目竣工验收前的约 8 项专项验收,缺一不可。应派专人督促,抓紧完成并进行检测和验收,取得合格手续。其中特别是消防工程,光是承包安装的单位具备相应资质还不够,还要诸如甲级防火门、进户钢制防火门、消防栓水带等的生产厂家都要具备相应资质和产品检验证明,如有存在问题,消防验收通不过拿不到批文,就无法进行竣工验收。所以,与上述厂家签订供货合同时,必须详细查验他的资质等,千万不可粗心大意。

正因为项目竣工验收是一项十分繁琐又复杂的工程,所以房企必须在相关环节和具体程序上进行控制,使竣工验收顺利通过,一步到位,达到按时交房的目的。

第 18 策
质量投诉受理的专项控制

多年来,笔者与业界的许多同仁在提及建筑物的质量管理的议题时,大家都有共同的感触,觉得搞好房屋的质量,不发生质量方面的投诉的确是一件很难的事情。于此,我常常想起了著名导演谢晋的一句话:电影永远是一门遗憾的艺术。尽管执导筒的导演从审核、修改剧本开始,到遴选演员、选择外景、搭摄影棚,再到拍摄过程,最后是剪辑都认认真真,到头来上映的影片还是有不少纰漏的存在。房屋的质量问题与它也有异曲同工之处。纵然房企经营者从规划设计、施工监理等多个环节一丝不苟地盯紧看牢,然而在交房前后,从主体工程到八个分部,仍存在着这样那样的小毛病或不如人意之处。碰到个别挑剔的或者得理不让人的业主,更是纠缠不断,你如不及时受理,他们就会联合投诉,本来是一起很小的质量瑕疵,处理不好或受理不及时,就会酿成很大的索赔事故。于此,有经验的房企在交房后的两年时间里,都是派专人负责受理业主质量投诉,一般做法如下。

一、应设专门场地接待业主提意见

工程在建期间,可在工地临时办公楼里设一个专用办公室，安装一台专用电话，设一个专人负责受理。此期间，来提意见的大多是已通过预售购得房子的业主，业主们出于关注就会经常来工地现场探望自己的房子，如遇发生土建或安装方面粗制滥造现象，就会向房企投诉。这时我们如有专人负责接待，并及时予以解释，如提的是合理化的意见，应及时反馈给施工单位予以纠正，业主就会心平气和下来，反之，就会火上加油，有的可能还会大闹一场。

二、接受意见态度要诚恳

应通过培训使接待人员具有工程技术和设备操作等多方面丰富的知识，先是和颜悦色地请客户坐下来慢慢讲，再就是拿出笔记本把对方所提的各方面的意见一条不漏的全部记下来，并告诉他回复的时间、联系方式等。这样做就会使业主觉得房企已把质量问题真正放在心上，即使心中有这样或那样的意见也不会生气了。

三、整改情况及回复提意见者

负责受理投诉的人员应具有高度的责任感，应当天把记录的内容转至工程部，由工程部责成施工单位改正，并限时向投诉办公室回复。如遇重大事项工程部解决不了的应及时向项目总经理汇报。然后将已整改的情况，或无须整改的理由向业主答复，争取他们的理解。

四、认真落实整改内容

按通常的情况，房屋竣工验收交付使用后至装修前这一段时间里，投诉现象可能较多，一般都是内墙体某处因热胀冷缩出现细缝，或上层卫生间有水往下层滴漏，或顶层屋面通天烟道处出现漏水，电梯上下运行不畅等。这时，工程部的人不能全部移师他处，正确的做法是应留下几个人，因为情况熟悉，更有利于及时督导施工单位来整修，更不能对业主提出的意见不理不睬，否则就会产生投诉。

五、物业管理维修人员要提前介入工程安装

房企把小区建成后，迟早都要移交给物管公司管理。因此物管公司应提前1年进场。一是维修人员可以提早接触到安装工程，使设备的位置、性能、运行办法等在安装时就已熟悉，以后接管过去就会得心应手。二是房企安装期间，因大量的设备、电缆也须有人值班，防止被盗，故也需要物管公司的保安先进场帮助看管设备。三是工程图纸和资料可以顺利移交，便于保管和存档。

六、物管公司亦应设专人负责质量投诉

一个住宅小区的建成以至于住户的入住，今后要经历漫长的岁月，其维修工作任务将由物管公司承担。而质量投诉也是长期遇到的事。所以工程交付使用后，当物管公

司正式进场时,房企的质量投诉受理人员应把过去的投诉日记等资料移交给物管公司,使物管公司进一步了解该项目的质量投诉热点在哪里,建筑物通病出在何处,以利对症下药,使业主基本无意见,彻底维护企业的声誉。

总之,要十分重视业主的投诉,切不可掉以轻心,须知千里之堤溃于蚁穴。防止一件小事不及时受理,引发更大的投诉事件。所以,<u>应对业主的质量投诉必须及时受理,实施专项控制</u>。

第4章

销售

第 19 策
前期广告宣传不得信口开河

不少房企为了销售的需要，在项目的前期广告宣传方面存在着失当之处，喜欢信口开河、夸大其词。比如说，明明是几幢很普通的楼房，把它宣传成顶级、至尊楼宇；分明是城郊结合部的地段，硬说成是市中心地段；明摆着座落在工业区旁边有污染源，却说成是山青水秀；装几路简单的弱电设施，把它说成是全智能化；普通组装电梯说成是进口电梯等等。然而，项目完成交付使用后，人们发现住宅质量等各方面与房企广告宣传的内容大相径庭，就会引发大量的投诉。因此，在广告宣传方面一定要注意以下几点：

一、路牌广告的内容必须事前经工商行政管理部门审批

很多房企在做项目路牌广告时，敷衍了事地与广告公司签了合约，就把广告的意图告诉广告公司制作。一些新开办的广告公司也不谙此道，你房企要求用什么样的华丽词汇，我就照搬照抄，很快在路边树立起大型广告牌。但是以后麻烦不断，一是当地城管部门认为你路边广告未批

准，也未交管理费要来罚款。二是工商部门一旦发现广告词有顶级住宅，或极品住宅，或皇家风范等之词，就认为违反《广告法》而要处以罚款。所以，房企在做路牌广告之前，必须与广告公司在合同里注明一条，即是审批手续的申报由广告公司负责，如违反有关规定的罚款亦由广告公司承担，这样广告公司就会去认真对待它的广告行为的规范性。

二、项目简介和模型展示必须尊重实际

一个项目的开发，前期必须制作大量的楼书，还有展示厅的模型，这两件事做起来颇有讲究，并且隐含玄机。比如楼书里介绍的项目位置、功能、规模、质量标准等，既要用优美、丰富，又独树一帜的新鲜广告语，又不要脱离实际。如果信口开河宣传过头，自己配备的设施设备达不到宣传的水准，就会成为引发投诉的诱因。另外，楼书里标出很多平面套型图，可能在施工图出来后，与原套型图有差异，引来不必要的麻烦，所以在文本的某一个角须标出："此为参考，最后应以政府批准的文件为准"。还有对外展出的模型也不要掉以轻心。一是平面布局必须标出垃圾房、煤气瓶组间、配电房等位置，如果模型上不标示出来，今后建成房子后，业主发现自家附近有配电房垃圾房之类的，就会有不满情绪。

三、项目对外承诺的条件必须客观又切合实际

为数不少的房企为了激发人们的购房热情，就容易别出心裁做过头的宣传。比如有一家房企推出楼盘前大作广告，称自己的项目有18项新技术系统：如外墙保温饰面干挂系统、冷热桥阻断系统、高级门窗系统、阳光导入系统、中央吸尘系统、户式中央空调系统、新风系统、生活热水系统、国际品牌智能家居系统、智能化体系、地下车库灯光导航系统、雨水处理回用系统、屋面系统、完整的降噪声系统、有机垃圾生态处理系统、同层排水技术、浮筑楼板技术、高性能电梯。这18项先进技术如用在写字楼还有道理，如全部用在住宅就成天方夜谭了。先不说竖向管道太多管道井装不下，生活热水的室外锅炉无处安放，且巨大的投资也是住宅业主不能承受的。特别如国际品牌智能家居系统歧义很多，什么是国际品牌？与普通国产品牌区别又在哪里？看了这一则广告，可以肯定18项新技术不能全部到位，今后房企的经营者倒真的要研究怎样"打官司"的新技术了。所以说，住宅功能的设计要量力而行，要切合实际，与售价挂起钩来。其实业主购房，对住宅如保温节能、给排水、供电、各项弱电、消防、电梯、室外景观绿化是有要求的，其他多余的东西你如搞得最好，房价也拉不起来。如果广告说得天花乱坠，今后做不到，反而会更难堪。

四、电梯品牌承诺不得浮夸

电梯的纠纷是目前房企被投诉的热点之一。某市有多家房企因在宣传广告中称自己开发的楼盘使用进口电梯,但交房后发现是组装电梯,于是被业主告上了法庭,欲要拆掉重装纯进口的电梯方肯罢休。其实有数家房企确实向电梯商订的是进口电梯合同,怎么到位安装后变成了组装电梯,而其中的配重铁和道轨确实还是国产的,而电梯商则认为这就是进口电梯,因整机进口税费太高,只能拆零进口,但这些电梯主机至零部件确系外国生产,但配重铁和道轨本来是中国出口的,现在就地解决,不用先出口再运回来。这些纠纷案例久拖不决,最后还是房协的维权委员会到北京有关技术权威机构咨询,拿到了文件依据,才认定了界限,平息了纠纷。

因此,房企的对外广告必须慎之又慎,做不到、有争议的东西尽量不予宣传为是,特别是项目的前期广告宣传,千万不可信口开河,免得今后投诉不绝。

第 20 策
预售合同必须详尽以防留下隐患

目前,我国实行商品房预售买卖的格式合同,内容虽已全面,由于经济与社会发展日新月异,变数很快,再加上各个项目又有自己不同的特色,所以说,格式合同文本难以涵盖双方所有的权利与义务关系,一些未详尽事宜必须在末页加补充协议。预售合同如果把关不严,草率签订,就会留有很多漏洞,遇个别业主以此为底牌,牢牢抓住对自己有利的条款,或钻些"空子",从而投诉、起诉,就会麻烦无休无止。因此,以下几方面必须特别加以重视。

一、可售面积必须在合同上特别注明

近些年来,业主与房企打官司的内容主要是地下室车位和地面会所是否可以出卖的问题。其实现在的房企土地都是投标所得,没有义务为社区承担配套车位,且地下车库的建设成本非常之高,全部把车位卖出,还不够收回投资。如果业主胜诉,车位一旦公用,则项目的效益就会降低。而法规又明确规定项目地上 7‰ 的房子用于物业管理用房和商用房，则项目的会所产权就应是房企所有。为了使地面会所和地下车位这些可售面积顺利卖出以收回成本，根据物权法相关条款，必须在商品房预售合同上面明确注明："出卖人有权出售或一次性出租地下车位，有权出售会所，买受人不得异议。"这样，今后业主就无正当理由投诉了。

二、配套设施和公共场所装修标准必须详细说明

外墙面用涂料或干挂花岗岩，电梯用纯进口还是组装，门窗用断桥中空玻璃铝合金制作，还是用单玻塑钢制作，这些必备条款都要在合同上加以注明，一旦合同已有注明的，房企必须按合同办理，千万不能违约，否则后患无穷。

三、关于不可抗力因素影响工期可以顺延问题

在双方签订合同时，房企肯定会在不可抗力可顺延工期这一条款上写得很明确。关键是项目交付期一旦拖延，房企就有千万条理由也说不通，照样要给业主赔偿。唯一的办法是，在遇台风影响，或军用光缆迁移拖迟时间，或是碰见文物处理困难等延期，必须及时报告给政府部门认证，以便日后需要时可以用作直接或间接证据。其次就是把合同交付期尽量向后延，留有充足的时间。此外，确定赔偿的数额应低于每日万分之零点几，万一交付期迟了，

也赔得起。

四、关于办产权证期限的问题

买卖合同中有一条是关于限期办产权的条款。由于房屋交付使用后,必须把竣工备案表送房管局进行初始登记,又要向房管部门移交物业用房,确认缴物业基金数及缴款,要穿梭经过好多个部门,通常最快的时限要6个月,有经验的房企把此项定于9个月。但是由于有些城市的房企作秀,对媒体承诺3个月办产权后,工商部门为保护业主权益,在合同鉴证时也把此项限于3个月。俗话说:一字入公门,九牛拉不回。所以碰到这种现象时,房企只好把合同的赔偿违约金的数额定得最低,如每日罚金在0.2‰左右,如拿一套100万元房子来说,拖了3个月也就给每户支付2000元的罚金。

五、关于业主延期交款赔偿利息的问题

售房合同是经济合同的一种,它是在秉承"平等互利、等价有偿、协商一致"的原则下订立的,公开、公平、公正为它的最大要义,涉及到业主延期交款应赔偿利息的条文,不能简单地写成每月1%,可以放宽至与出卖人交付期延迟的罚则对等。因为你如在合同内把业主赔偿的数额定得很高,就会反过来交房期迟了也要对等赔偿,这样就会非常吃亏。因为房企的合同一旦签出,是面对众多的业主,如也按每月1%赔偿,则拿100万元/套的房子来说,拖了3

个月就要赔3万元,而1000套房子就要赔3000万元。而业主个别人就是真正欠款,到最后七磨八磨,找出千百条理由,利息也是收不来。与其如此,何不把业主违期交款的利息亦同交房期违约金同等;或者干脆把业主拖欠款罚则取消了,以示房企大度。但可以在首付30%后,把按揭贷款的手续立即跟进,这样就没有给业主拖欠款的机会了。

上述关于合同签订的内容必须详尽一事,各房企必须十分重视,最好指定一个有着丰富的房地产案件诉讼经验的律师事务所审核合同,尽量不留漏洞,避免今后产生不必要的诉讼。

第 21 策
预收款进账须规避政策的风险

如今,国家对房地产业管理日趋规范,有关法律、法规和政策明确规定,房企在未领取预售证之前,一律不得对外收定金,否则将被视为违法行为,将会受到有关部门的处罚,而且还有可能在黑名单上披露。

我国《城市房地产开发经营管理条例》有关条例规定,房地产开发企业预售商品房,应当符合下列条件:(一)已交付全部土地使用权出让金,取得土地使用权证书;(二)持有建设工程规划许可证和施工许可证;(三)按提供的预售商品房计算,投入开发建设的资金达到工程建设总投资的25%以上,并已确定施工进度和竣工交付日期;(四)已办理预售登记,取得商品房预售许可证明。违反上述条例规定,擅自预售商品房的,由县级以上人民政府房地产开发主管部门责令停止违法行为,没收违法所得,可以并处已收取的预付款1%以下的罚款。上述两个条款已说明,未取到预售证而对外预售具有十分重大的法律风险,这两条高压线是不能碰的。但是话说回来,房企毕竟是一个企业,首先求得生存与持续发展是其目的。特别在国家宏观调控银根进一步紧缩,企业付清数亿元土地出让金后仍求贷无门的情况下,也只能在小范围或企业职工内部先收一点预收款来应付首期工程建设资金,以下几种办法可绕开法律与政策的刚性限制。

一、向企业内部职工以借款的方式适量收首付款

一个项目从拿地到四证齐全后并取得预售许可证,一般须2年时间,这期间有一些业主特别是内部职工要求购房,也愿意先付一点首付款,目的是把自己理想的房号提前锁定不变。此时房企应见机行事,不必全部加以拒绝,而可与其签订一份借款协议,该协议只提借款事项,注明借期几年,利息是多少,不能提及与购房有关的事。因为协议上未注明购房,只是讲借款,就回避了提前收预收款的嫌疑。

二、以签署房号预约确认书规避预售嫌疑

房企在收到借款后,还应独立出具一份房号预约确认书给客户,该确认书只提到预约的房号、单价、暂定面积,绝对不可注明总价或准确面积以及定金的事。如果注明了总价、面积、预收定金额或借款后,财税部门就认定你已有营业收入,必须全额申报营业额,还要补报15%利润的预收企业所得税。否则,就要补营业税、所得税并处一倍罚款。本来把定金当成收入当月申报税也可,问题是未领预售证,属非法预售,所以只能先作为借款入账,这样财

务反映的是负债。

三、必须做借款入账并代扣个人利息所得税

为了避免收入不申报被税务部门查处，应把预收款实实在在当做借款，然后根据协议规定的利率，代扣利息的个人所得税，及时上缴给税务部门。今后税务部门稽查时，把原始借款协议出具，然后会计账上已有代扣税行为，税务部门是不能认定有偷漏税行为的。

上述建议确乎在不得已的情况下而操作的，属一步险棋。若资金流充盈的情况下，最好不要出此招。因此，房企还是先把自己企业发展壮大，只有自己实力增强了，资本充盈了，才能按照规范操作，做到在预售证未取得之前绝对不收定金，以免日后给自己惹来不必要的麻烦。

第 22 策
房价制定要合理

一个房地产项目的开发成功与否,定价这一环节很关键。不少没有经验的房企,在房市低迷时看不到希望,定价太低,最后抗不住风险而亏损。又有许多房企,在房市高潮时又开价太高,以后遇到风险或不可预见时又舍不得降价,终于被套住。就是未被套住,也会因一边是大量的巨额利润缴了过多的土地增值税,一边又因为定价太高落下了一个"黑心开发商"的骂名。由于房企项目定价太高或定价不合理,陷于被动局面的例子还是相当多的。

一、案例

(一) 定价太高使项目被套陷于被动

有一家转轨房企,在 2006 年国家推出 90m² 房型占 70% 的政策后,房市转冷,他们以接近标底价约 7 亿元中标 250 亩土地,测算商品房成本在 5000 元/m²。但是在 2006 年下半年和 2007 年上半年,房市掀起大高潮,他们把开盘平均价定在 1.5 万元/m²,群众骂声不绝于耳,说房价太高,但当场约有 30% 数量被人预订,房企收了预收款。但是在 2007 年入冬以来,房市萧条,大量的人要退房,房价降至1万元/m²以下也无人问津，造成资金被套，动弹不得。这家房企陷于被动局面是因为定价太高，开的价格是成本的二倍以上。如果形势仍然处在高潮，则超过成本20%即售价在6000元/m²以外的收入，就有9000元/m²的单价属于净利润，但这个利润国家应占60%，可拿走土地增值税占5400元/m²，余给房企的只有3600元/m²为利润。既然如此，不如当初定预售价在8000元/m²，则利润还可保持在40%，效益是很可观的，社会各界也会予以认可。

（二）定价太低遇物价上涨无利可图

某房企在一个县城开发一个近百亩的地块，在2005年开盘时楼盘定价在3400元/m²，因地价较低，成本在2500元/m²左右，毛利率900元/m²，占40%。当年即被出售至90%。但当时拿到预售证时才完成桩基，整个工程历时三年在2007年底才完成。三年来二手房价涨至6500元/m²，房企因为已大量预售出去，所涨的二手房价房企没有收益。而三年来的建筑成本涨了40%。人工资从原来的60元/工涨至现在的120元/工，钢材从3000元/t涨至6000元/t，与工程有关的其他方面也是"涨"声一片，到2007年底总成本已达到3100元/m²，净利润只有300元/m²，净利润不足10%。由此可以看到，项目开发不可预见情况非常普遍，在定价时，既不能开太高价格，以致招来四方诟骂；又不能太低，抗不住风险造成太低利润或者亏损，不利于企业发展。

（三）房子卖得太快与捂盘惜售都不是好事

还有一家房企，在某县城开发一个140亩地的项目，当时测算含税总成本在 2600 元/m², 于是定价 3500 元/m², 毛利率占 40%, 符合房企定价规律。但是在 2005 年下半年开盘时, 正遇国务院"新六条"的贯彻, 当地政府将每套 145m² 以上契税加至 3%。他们担心影响销售, 立即把大量大套型改成小套型, 开盘后, 6 个月内销售一空。但是在 2006 年和 2007 年造价正涨时, 因无余房可售, 不能跟风提价而吃了大亏, 而造价和其他方面的总成本涨了 25%, 净利润又是不足 15%。而隔壁的一个地块, 因为都是 160m² 以上的大套型, 在同一时间开盘, 却不理想, 当时仅卖出 60%。于是在后两年根据二手房的涨价也跟踪提价, 使原定 3200 元/m² 的开盘价至最后在 3400 元/m² 售完, 净利润也有 15%。所以说, 房企的决策要讲究稳定性与连贯性, 不能因一时国家政策改变而紧步跟上, 思路立即改变。有人曾把卖房子喻之为泡茶, 水温太高了, 容易将茶叶烫黄, 影响了入口感。冷水泡茶, 又尝不出茶味。而温水泡茶, 倒酽出茶的滋味。所以说房子卖快与捂盘销售并非都是好事, 因势利导, 冷静应对市场可能更有利可图。

二、建议

分析以上例子, 那么, 如何制定项目的房价较合理, 笔者提几点建议仅供参考:

(一) 项目总成本估算须留有余地

一般项目工程完成多层主体结顶, 高层 30% 时可办预售证对外预售, 但这时总成本投资仅完成一半, 还有一半的未完成工程约在二年时间左右完成, 这期间物价上涨因素要估计准确。估计太高必导致房价太高易引发民怨，估计太低了，万一物价涨幅太快而售价太低无利可图。

（二）以自身楼盘的品位结合周边楼盘的价位进行平衡

对于房地产开发的项目，应该来说面积较大、低密度、低容积率、高绿化率的楼盘房价就高一些，单幢楼宇，且密度和容积率高，绿地率低的项目售价相对低一些。因此，我们在项目制定预售价格时，应结合周边楼盘价格进行综合平衡，如果确因我们自己开发的楼盘档次比别人高，可比别人加价10％较合理。如果定得太高，万一遇到房市低潮，可能会被套牢。此外，你房价太高了，鹤立鸡群，目标太大，不但老百姓说你"黑心"，税务部门也会紧盯不放，土地增值税重课你没商量。

（三）目标净利润勿突破 20％为妙

国家为抑制房价推出征收土地增值税政策，且十分刚性，没有条件好商量。而土地增值税起征点是各项成本扣除后的利润20％起征，所以我们没有必要把房价定得太高，以不突破利润20％为限，这样就不会引发民怨。

关于如何合理制定房价，并不是高与低之争，而是如何合理、科学地制定房价，只要体现合理性，就不会陷于被动。

第23策
商铺、车位定价策略
及如何处置车位权属之争

受前些年商业地产利好消息频传的影响,不少房企把操作项目的商铺和地下车位定价很高,而对住宅预售定价却偏低。结果商铺和车位成了皇帝的女儿,"嫁"不出去,造成大量积压,非常被动,而住宅因为预售价太低无利可图。因此,我们有必要对存在的问题进行分析,并对如何定价,及地下车位是否可以销售存在的权属之争如何处置等予以讨论。

一、商业房和地下车位容易滞销的原因

1. 近些年来,由于政府拍卖土地时明文规定,商业地产使用40年,因年限偏短,不受人欢迎。再者全民经商的热潮已趋向"冷却",商铺的租金收入抵不上银行同期存款的利息。而且购买店铺的契税是3%,而住宅小套的仍然是1.5%。上述几方面原因,造成商铺不被人看好,如果再定价太高,就会积压卖不出去,使之项目不能如期汇算清交,久拖不决,留守人员费用过高。

2. 地下车位有价无市的情况普遍存在。按现行的造价

每个具备人防功能的地下车位，成本不低于8万元。由于造价太高，房企又考虑利润，所以一般在县级城市的项目，车位都在10万元以上。不少业主嫌价高就是不买，使车位大量积压。一旦交付使用后成立业委会，就有人会站出来跟你交涉，把未卖的车位全部作为公用停车场，免费停车。而现在政策规定一般车位按户数的70％配停车泊位，一个2000套住宅的小区，要配置1400余个车位，大量的地下建筑面积架空建了车位，工程成本非常之高，一旦卖不出去，房企的利润就会严重受到影响。

二、商铺和车位如何合理定价

至于商铺的定价怎样较合理，笔者以个人亲历及对其他项目调查后认为，沿街底层商铺定价应是住宅售价的三倍，沿街二层商铺应是住宅的0.8倍，底层大进深商场的定价应是住宅的二倍较为合理，二层商场的定价应高于住宅的50％左右。地下车位定价应是成本的0.8或0.9倍较合理，略低于成本。比如成本是8万元一个，可售价6～7万元一个，这样让业主买得起，就会伴随这住宅的销售进度一并把车位卖光，这样资金就不会被套住，有利于项目的按时汇算清交。当然，有些项目地段确系市中心，属商业繁华地段，也可以根据商场的特殊位置而定价，可以适度拉高价格。总之一个要求就是，商场和地下车位必须及时卖出，千万不能囤积。

三、车位销售如有争议怎样处置

1. 如何应对《人民防空条例》车位的权属问题

根据我国《人民防空条例》的进一步贯彻,车位能否买卖又起波澜,为了回避有关条例的风险,应采取必要的应对措施。《人民防空条例》规定了地下人防车库由企业投资兴建,但所有权属国家,所以人防地下车位是不能出售的。但是巨大的投资成本不能收回是任何企业也承担不了,所以为了化解这个风险,房企应该与买方签订租赁协议。即车位一次性租赁60余年或70年,一次性收取租金6~7万元。这样打"擦边球"的方法,地方人防办就难以阻止你对车位的出租,而房企又如数收回投资,与政策又没有直接抵触。

2. 车位长期出租必须提供合法财务凭证

根据我国《物权法》第31条的含义,车位的出租或出让应该依法登记,办理权属证明,但因目前的政策,大部分地方政府房管部门不承认地下车位产权,所以,房企在出租车位时,除了签订一份协议,但必须要开给不动产发票,按规定将收入及时申报纳税。今后,购车位者凭手中的发票和协议,就可以确定自己所购车位的合法性,免得日后滋生纠纷。

3. 如何应对地下车位的权属之争

多年来,业主就地下车位的权属之争状告房企的情况相当普遍。因此,我们必须要认真学习《物权法》,可运用《物权法》保护房企的合法权益。最近,我国《物权法》专家的论述值得各房企关注。专家们说，关于地下车位所有权的问题，认为拥有土地者造出了房子和其他设施，这就是制造了物，并产生了物权。车位是开发商制造出来的，所以它的所有权首先归开发商，这一点是没有异议的。现在大家争论的焦点是车位被建造出来后，是否应该强制性转移到"业主"手里？因有的学者认为车位是房屋的从物，应该从属于主物来强制转移。我们不赞成这种观点，因为从物离开主物，它自己的功能是显示不出来的。但是车位不属这种情况，因并不是所有的购房人都一定需要这个车位，车位并不是住房必须的组成部分，也不是房屋转移时必须附加的条件，将房屋和车位定义为主物和从物的关系，从法理上很难成立。所以，我们倾向于将车位和房屋当作两个独立物来看待。

《物权法》第74条规定了"首先满足业主的需要"隐含的意思说，车位的所有权在转移之前是开发商的，它们应该首先满足业主的需要，但是此外，也可以向业主之外的人转让，因此推导出来第二个默认的条件，在车位转移给业主过程中，法律的要求上应当有一个协议。既然有协议，就不是强制性的。根据土地使用人作为建造人拥有不动产所有权的原理，开发商的车位所有权没有异议。这种原始的所有权即使不登记，也属于开发商。只是在你转移这个权利的时候，也就是开发商要出售这个车位的时候，应当办理不动产登记，否则不发生物权效力。这就是《物权法》第31条的含义。所以，对车位的转让，登记机构应当依法登记，如不给登记，不符合《物权法》的要求。

中国地产业协会法律专业委员主任朱树英律师对车位

是否已计入公摊面积也做了解释。认为建设部《商品房销售面积计算及公用建筑面积分摊规则》第9条规定"凡已作为独立使用空间销售或出租的地下室、车棚等，不应计入公用建筑面积，作为人防工程的地下室也不计入公用建筑面积，从而不进行公用建筑面积分摊。"由此可见，只要房企在购房合同中没有说明地下车位白送给业主，就是有权出让。因此，《物权法》的出台，在保护房企的合法权益方面确立了依据。

根据以上讨论的内容，笔者认为：商铺和地下车位必须以适中价位一次性售完，防止大量积压于项目竣工汇算不利。销售合同中必须注明房企有权出租或出售车位，业主不得异议。以签订长期租赁协议，化解《人防条例》的约束，只有这样筹划并操作，才能步步为营，使车位顺利出租，避免与业主的纠纷。

第5章

税　收

第24策
售房收入营业税及附加税必须月缴月清

营业税是对经营者营业收入所课的一种税。它是当今世界各国普遍征收的一种流转税。改革开放以来，为了适应我国商品经济的发展，国家认识到工商税收不仅是组织国家财政收入的主要手段，而且也是国家调节经济发展和转移支付的重要杠杆。鉴于此，在1984年工商税制改革时把工商税一分为三，分别立法开征产品税、增值税和营业税。根据全国人大常委会的决定，从1994年1月1日起，取消工商统一税，实行统一的流转税。于是，1993年12月13日，国务院第136号令颁布了《中华人民共和国营业税暂行条例》，在1994年1月1日起实施。这是在总结10年来独立开征营业税经验的基础上，结合新时期税制改革的总体要求而出台的，它扩大了纳税人适用范围（包括内外资企业），缩小了征收范围，简化了税率档次，具有税负均衡合理、保持税收中性和简便易行的特点。同时，财政部于1993年12月25日〔1993〕财法字第40号颁布了《中华人民共和国营业税暂行条例实施细则》与《条例》同时施行。

目前我国税收法律规定了房地产业的营业收入，按收入额缴营业税及其他附加税等的 7.2% 左右，并按预收款预缴 15% 的利润但可扣除营业管理费用和财务费用，并减除营业税后的余额×33% 预缴企业所得税，二项总计约在营业收入额的 10% 左右。根据税收征管法规的规定，营业税等必须月缴月清，一般在次月的十日前必须如实足额申报缴清。如未经批准的逾期，要处以每日万分之五的滞纳金，如在稽查前未自动申报补上，不但要补月 1.5% 的滞纳金，还要处以欠税额一倍的罚款，为了避免上述问题的出现，以下事项要充分注意。

一、税务部门指定企业延期申报要取得书面依据

由于基层税务征管部门和地税稽查部门是同一部门的两个机构，在经营中，有时会碰到地方税务征管部门口头电话通知，说这个月份的税因各种原因要房企先做零申报，下次在何月份补齐，等待通知。遇到这种情况，最好是要求征管部门签署书面意见。否则，因口说无凭，一般很难算数，最好还是立即筹款把税款缴清，以防稽查部门查到了还是要你补滞纳金和罚款的。基层地方税务征管部门和地税稽查部门虽同是隶属于地方税务局，因它们的工作情况、工作任务各有不同、各有侧重，使得它们的工作指导思想和重点亦有所不同。这是体制的原因，如果两者之间缺乏互通有无的联系和协调，容易造成划地为牢、各自为政的尴尬局面。拿房企来说，针对同一个问题，可能会产生两种解释，听起来似乎公说公有理，婆说婆有理。遇到诸如此类情况，务必要

多留一个心眼，无论服从于哪一个部门的调遣，都要索取一个书面依据，以备日后不测。

二、企业要求纳税展期必须逐级申报

我们自己有时确实因资金周转不过来，要求欠税数月，这时就要不厌其烦地到税务部门申领表格填写后报批，因此项审批权属于省级税务部门，县级税务局长只有报批权，而且最长时间只允许缓交3个月，且手续呈报非常麻烦。所以资金不是十分困难，还是筹足资金先缴税，欠税实属不得已而为之的下策，是不足取的。

三、纳税申报数额必须核准

由于营业税和附加税的税率地方变动很大，有时一年变动数次，所以企业领导应经常提醒、督促会计人员及时掌握信息，不能少报，也不能多报。多报了退税手续甚为繁琐，少报了要补税，还要追缴滞纳金。

四、纳税档案必须建立

营业税及附加每月缴清后，会计人员应将税单复印一份，原件做账，复印件集中起来，一张不漏地准备着，制成纳税档案，随时迎接税务稽查部门的稽查。企业领导在批示时，应专门在笔记本上加以记录，随时检查纳税额和产值是否吻合，一旦发现问题，立即督促会计给予纠正。

五、每笔工程款支付必须索要税务发票进成本

一个项目至少要 4～5 年开发，当开始销售时，稽查部门一般会一年一次地予以稽查，发现你的预售收入高于成本就会重课你的预征企业所得税。某公司 2006 年 12 月账目反映营业收入 2.4 亿元，而总成本已投入 2.7 亿元，但其中具有正式发票已列入成本的如土地款、各项缴费等 1.5 亿元，还有 1.2 亿元属工程预付款，其原因是当地规定工程款支付先用收据，待数年后工程决算时一次性开发票，所以会计将工程款计入预付账。此外，当地规定企业所得税按营业额的 15％利润预缴，该公司缴清当年的营业各税 1700 余万元，又缴清了 600 万元的企业所得税。但稽查局认为收入已 2.4 亿元，成本仅 1.5 亿元（还有 1.2 亿成本做在预付账不能算成本），利润已达 9000 万元，须先补缴近 3000 万元的所得税，如此发生很大的争议，相持许久才得以合理解决。有鉴于此，我们在项目建设支付土建及安装工程预付款时，必须要求领款方提供税务发票，不作预付账，真实反映总投资情况，避免所得税阶段性虚高被迫提前缴企业所得税。

总之，营业税等是国家和地方财政的重要来源，税务稽查部门多年来一直做为重点税源来抓，钉是钉，铆是铆，不允许有半点含糊。房企老总尽管是千头万绪，平时工作忙得焦头烂额，也必须腾出时间亲自过问税款的缴纳状况，免得因疏忽造成过错，如被重罚则更后悔不迭。

第25策 土地增值税节省缴纳应提前筹划

2008年1月16日,国家税务总局在其官方门户网站上公布了《关于房地产开发企业土地增值税清算管理有关问题的通知》,要求从2月1日起正式向房地产开发企业征收30%～60%不等的土地增值税。2008年1月17日,沪深两市地产股应声全线下跌。多家地产龙头在内的20多只地产股跌停板。据报道,当日截止闭市,共计62只下跌,26只叫停。这是近年来少见的地产股大幅下跌。于是土增税的正式开征,使所有房企压力重重,下面不妨就此予以讨论,寻求对策。

一、土地增值税介绍

(一)土地增值税的探源

我国土地增值税最早出现在20世纪90年代的广东省、广西壮族自治区和海南省。当时这些地区的房地产正处于火热状态,大量的房地产和地皮的炒作,在给地产商带来暴利的同时,也造成了大量地产泡沫的堆积。设立土地增值税,其调节的主要对象是土地增值收益者。在此基础上,

1993年12月13日,国务院发布了《土地增值税暂行条例》,决定自1994年1月1日起在全国征收土地增值税,随后的1995年1月27日,财政部颁布了《土地增值税暂行条例实施细则》。但是,土地增值税的征收政策并未得到很好的贯彻落实。1996年后,我国宏观经济开始出现相对萧条。缓征甚至暂免征收税率相当高的土地增值税,成了政府刺激房地产再次发展的有力措施。地方政府为了复兴地产业,于2000年对土地增值税实行缓征。到了2001年、2002年,宏观经济形势重新开始高涨。国税总局再次下发通知,要求认真做好土地增值税征收管理工作。但实施力度不大。直到2004年8月,国家税务总局又一次要求加强土地增值税管理工作,一些大城市才开始真正采取行动。上海市从2005年6月1日起,恢复对别墅征收累进制的土地增值税;天津市明确从2005年10月1日起,预征土地增值税;深圳市也称从10月1日起征收土地增值税。

在税务稽查的同时,全国各地陆续开始恢复房企的土地增值税,此时,土地增值税的征收,开始成为一些地税部门的工作亮点。不过,大部分地区仅按预(销)售商品房收入1‰~3‰的比例进行预征,其额度微不足道。但是从2008年2月1日起的情况就不同了,凡是对过去未办理汇算清交的项目,都要清算土地增值税,这让所有的房企都感到压力重重。

(二)国家开征土增税的目的

土地增值税是以房产、地产转让中的增值收益为征收对象的一种资源税。国家开征土地增值税的目的是规范土地、房地产市场交易秩序,合理调节土地增值收益,维护国家权益；有利于抑制房地产的投资炒卖活动，防止国有土地收益的流失，增加财政收入；同时，有利于对房地产经营收益进行调节，规范分配行为，增强国家对房地产开发和房地产市场的调控力度，有利于房地产业健康发展；此外，开征土地增值税，也有利于完善税制，尤其是地方税制。

（三）土增税的征税办法和税率

根据土地增值税的结算办法是项目所得税后的净利润超过20%的，按30%、40%、50%、60%的四级累进制课税以通过税收的杠杆调节作用，防止企业获得暴利。国家税务总局的有关《细则》规定，增值额未超过扣除项目金额20%的，只征企业所得税；增值额超过扣除项目金额20%，就应其全部增值额按规定计征土地增值税。关于四级累进税率如下：（1）增值额未超过扣除项目金额50%的，税率为30%。（2）增值额超过扣除项目金额50%，未超过100%的部分，税率为40%。（3）增值额超过扣除项目金额100%，未超过扣除项目金额200%的，税率为50%。（4）增值额超过扣除项目金额200%的部分，税率为60%。

征收土地增值税已是重要国策不容争议，但企业做一个项目非常不容易，在项目建设过程中又险象环生，虽说积极地缴纳税收是每一个公民和企业应尽的义务，但是缴纳企业所得税后的净利润又一次大幅度地缩水，实在有点心痛。所以应在项目开发前期就应通盘谋划，及早打算，做好借沟出水的文章，在合法的前提下达到减轻税负的目的。

二、提前筹划的建议

（一）房屋定价不能太高

前文已说过，住宅或商铺出售定价不能太高，又因售买双方的信息不对称，容易引发社会骂名，万科集团老总王石先生说得很对："暴利是不可取的，暴利是会报复你的，市场是非常公平的，所以你从市场赚回来的如果是暴利，最后市场还会让你吐回去，而且让你多吐。"所以房企项目初步测算毛利润应在40%较妥。当如出现物价通胀，存在诸多不可预见因素，减20%的风险费用后，净利润限20%以下时可以回避土地增值税。否则一旦突破20%，就应其全部增值额按规定计税，所以，这是一条重要的分界线，千万不得突破。

（二）发现利润如有超过20%时应提前策划加以回避

一个大型项目往往要经历5~6年开发，利润最后是多少，谁也不知道，因周期太长，变数太大。所以，要对整个项目的总投资予以控制，根据物价的涨跌状况，要经常对项目的税后利润进行估算，企业的财务人员的工作不应停留在往来记账这个层面上，头脑中要牢固树立成本意识和管理理念，密切注意财务动态，分析资金营运现状，房企老总应亲自参与成本管理，一般每季一次进行对照，在各项成本和不可预见费用打足后，仍发现利润高于20%的，就要采取一些合法的纳税筹划。

国际以及国内的学者、专家都从不同的角度对纳税筹划这一概念做过解释，但各自的解释都有所不同。纳税筹划是指纳税人通过个人或企业事务的安排,利用税法的未详尽之处、特例和缺陷,规避和减轻其纳税行为。合法纳税筹划的特征有:一是非违法性;二是低风险、高收益;三是策划性。联合国税收专家小组曾对纳税筹划做过解释,其解释为:纳税筹划相对而言是不甚明确的概念,很难用能够为人们所普遍接受的措辞对它做出定义。但是,一般来说,纳税筹划可以认为是纳税人采取的一些利用法律上的漏洞或含糊之处的方式来安排自己的事务,以减少他的纳税额。而这种做法实际并没有违反税收法律,而且纳税人的行为不具有欺诈的性质。

(三)精通扣除技术

利用纳税筹划节税的办法主要是看房企的扣除术如何。扣除技术指在合法和合理的情况下,使扣除额增加而直接节税,或调整各个计税期的扣除额而相对节税的税收筹划技术。在收入同样多的情况下,各项扣除额、宽免额、冲抵额等越大,计税基数就会小,应纳税额也就少,所节减的税款也就越大。扣除技术的特点是通过扣除技术使计税基数绝对额减少,从而使绝对纳税额减少;通过合法和合理地分配各个计税期的费用扣除和亏损冲抵,增加纳税人的现金流量,起到延期纳税的作用,从而相对节税。扣除技术的要点是:

1. 扣除项目最多化。在合法的前提下,尽量使更多的项目能得到扣除。在其他条件相同的情况下,扣除的项目越多,计税基数就越小,应纳税额就越少,因而节减的税收就越多。使扣除项目最多化,可以达到节税的最大化。

2. 扣除金额最大化。在合法和合理的情况下,尽量使各项扣除额能够最大化。在其他条件相同的情况下，扣除金额越大，计税基数就越小，应纳税收就越少，节减的税收就越多。

3. 扣除最早化。在合法和合理的情况下，尽量使各允许扣除的项目在最早的计税期得到扣除，在其他条件相同情况下，扣除越早，早期缴纳的税收就越少，早期的现金流量就越大，可用于扩大流动资本和进行投资的资金就越多，将来的收益也越多。因此，扣除最早化，可以达到节减的税收就越多。

关于最多、最大、最早扣除化有以下几种方法：

一是税务部门允许列支的科目要按规定支足，如果广告费、接待费、差旅费等本项目无法支足的，可以将本公司另外一个新启动的项目，在未设立机构前的前期费用的一部分在本项目中列支。

二是将成本适度扩大化，即可将股东的投资款一部分转作借款，在缴清利息个人所得税后，将利息支付直接充实成本，以此减少账面税后利润。

三是非正式售房款的收入，例如物业基金，各项立户费等所代收代缴的款，要及时提醒和督促会计不能作收入账，以使收入不多报，但支出必须打足。

四是如果是装修好的房子再出售的，应该委托装修公司与业主签订合同，装修费由业主直接交给装潢公司。这样可以减少收入额，但有些材料款也可适量在项目里列支，可适度充实成本。

三、积极应对,不可抵制

一个企业先求得生存,再图发展。在营业税后的结转毛利润,再征33%的企业所得税,企业备感负担很重,因余下67%做为扩大再生产资金明显不足,但多年来已经习惯了,也就不产生异议,况现在已改为25%为企业所得税,对广大企业来说确是利好消息。但是对房企在所得税后超20%以上利润全额征收土地增值税,许多房企老总思想上普遍有"疙瘩",想不通,他们觉得:一是认为一个大型项目要五年开发才能完成,平均年利润只有4%,按此规定,不用说房企没有暴利,就与一般制造业来比,利润明显低于他业。二是房企必须要有大量的自有资金投入,这些资金如果放在银行做五年期存款,所得利息还高于4%何必投资做房地产。三是房企经营是高风险的行业,与其他工商企业是不可比拟的,政策限制其实际利润低于别的普通行业,显然不合理。但是国家出台这个税种可能是基于打压房价和防止房地产泡沫这方面来考虑,从政治和大局出发,国家对这个税种的开征还是有一定的道理。做为企业,依法纳税是我们的天职,我们谁也没有与国家税法抗衡的特殊地位。你如觉得这确实是税负不公的税种,唯一的办法是及早做好纳税筹划。

总之,国家对土增税的开征如滚滚洪流,势不可挡,房企老总必须面对现实,积极响应,但可通过提前纳税筹划来减轻纳税压力,这就是将收入压实不虚夸,成本支出要打足,但这一切均应在合乎法律规定的范围内运作,否则就是违规操作,视同偷税漏税,不但要受到处罚,而且更达不到提高效益的目的。这里有一个不恰当的比喻叫"偷鸡不成,反蚀了把米"。当然,如果经过合法规避后利润还超出 20％的,仍然要交缴土地增值税,这是毫无疑问的。

第 26 策
印花税须按时交缴不能忽视

印花税的课税对象是国家对在经济活动和交往中的单位和个人领受的凭证征收的一种行为税。它的立法目的既有规范经济法律关系主体行为的因素，又有增加财政收入的动因。一般是凭证上贴印花税票的方式作为纳税标记，故称印花税。

一、印花税介绍

（一）印花税的由来

印花税最早在 1624 年立法开征为荷兰，以后各国相继效法。据不完全统计，目前世界上有 90 多个国家和地区征收印花税。我国于 1950 年开征，1953 年和 1956 年两次修订，缩小了征收范围，1958 年简化税制时，将此税并入工商统一税。改革开放后，国家重新开征印花税，国务院于 1988 年 8 月 6 日颁布了《中华人民共和国印花税暂行条例》，同年 9 月 6 日，财政部又颁布了《中华人民共和国印花税暂行条例施行细则》与《条例》同时施行。

（二）印花税的征收范围

关于印花税的税目。《条例》规定印花税目共有 13 个，即：购销合同、加工承揽合同、建设工程勘察设计合同、建筑安装工程承包合同、财产租赁合同、货物运输合同、仓储保管合同、借款合同、财产保险合同、技术合同、产权转移书据、营业账簿、权利许可证照等，关于印花税的税率是应纳税额＝应税凭证记载金额×适用税率。

（三）印花税的税率和罚则

房地产开发项目的应税税种中，税率最低的税种应该是印花税。目前税率是5‰，与其他税种相比，税率相对较低。但在实际纳税事务中，正因为其不起眼，所以极容易被人忽视，如果不按时缴纳，就会被处以5倍的罚款，如果一个1000套住宅的项目，如你不按时缴纳印花税，各方面累计至少要被处以30万元的罚款。

因此，关于印花税的事，虽是小额税种，也应引起房企高管的重视。

二、建议

（一）签订销售合同，必须按时交清印花税

销售合同的签订，每月由营销部上报给财务部，会计必须根据出纳上报的营业额、合同份数、每月按时申报并交缴印花税。有些转轨房企，其会计的专业特长是工商业会计，对房企的财会业务不熟悉，一般思想上不予重视，这时，房企老总必须亲自督促会计每月按时上报销售合同印花税。

（二）工程合同的签订，应一份不漏地交缴印花税

一个项目的工程合同大大小小、各种各样不下上百份，

房企应交待给工程部,要求每签订一个合同至少要一式三份,其中一份必须报会计室,以便使会计每月及时按合同发生额上报印花税。

(三) 应建立合同印花税档案

印花税虽是不起眼的小税种,但不容忽视。这是一处容易被稽查部门抓住的薄弱环节,不少房企都有过这样的教训,如税务稽查部门在履行职责进行检查时,往往从"针头线脑"上进行认真稽核,有时查印花税有无缴纳先做为"头盘菜"。所以,房企的项目会计必须把印花税缴纳另立账册,编制专用合同登记表,然后在每份已缴印花税的合同上盖上印章,以示印花税已缴清。到稽查时,把已缴的印花税的合同全数报给稽查部门,审查起来简单方便,一目了然,检查就能顺利通过。

总之,印花税的税率虽低,但罚则很重。补了税是小事,但因为不作为而被处罚,使得名誉受损,因小失大,同时也反映出企业的管理水平低下,所以,按时缴纳印花税,必须引起房企高管们的重视。

第 27 策
社会借款利息支付不忘代扣个人所得税

企业经营活动所需资金,特别是长期占用的资金,主要来源有两项:一是所有投入的股本,二是举借长期或短期的债负。借款费用是指为企业经营活动借入资金而需要承担利息的费用。包括长短期借款利息、债券的溢价或折价的摊销、安排接洽借款时发生的辅助费用等。关于个人利息支付代扣税的事,也是房企纳税环节中的重要一项,有关精神必须深刻领会,才能有良好的操作方法。

一、个人利息支付代扣税介绍

(一)个人借款利息支付代扣税后可计入成本

按照我国税法的规定,企业支付的利息一般是可以扣除的。新税法实施条例规定,企业在生产经营活动中发生的合理的不需要资本化的借款费用,准予扣除。企业为购置、建造固定资产、无形资产和经过 12 个月以上建造才能达到预定可销售状态的存货发生借款的,在有关资产购置、建造期间发生的合理的借款费用,应当作为资本性支出计入有关资产的成本,并依照本条例的规定扣除。

（二）个人所得税的征收范围

我国个人所得税法规对以下项目征收个人所得税：

1. 工资薪金所得。
2. 个体工商户的生产、经营所得。
3. 承包经营、承租经营所得。
4. 劳务报酬所得。
5. 稿酬所得。
6. 特许权使用费所得。
7. 利息、股息、红利所得。
8. 财产租赁所得。
9. 财产转让所得。
10. 偶然所得。
11. 经财税部门确定的其他所得。

（三）个人借款代扣税的税率

上述有关税收稽征法律规范已明确规定，项目开发的银行利息支付允许计入成本。社会借款利率普遍是银行同期利率的一倍，但规定只能按同期银行利率支付，亦可进入成本，但必须向利息取得人代扣代缴20％的个人所得税。许多房企不谙此道，敷衍对待，或者不予代扣，或者少扣致使税务稽查时出现麻烦。

二、准确及时代扣个人利息所得税的建议

（一）必须不厌其烦地代扣个人利息所得税

房企在项目开发中都会发生债务问题，主要是从银行贷款，还有一部分是企业之间无利息的互相拆借，但也有

一部分是社会高利息借来临时救急用的。不少房企认为：社会借款利息一般都高于银行基准利率，而且习惯规定了出借人不承担个人所得税，反正是由房企自己承担，既然这样，干脆社会利息支付不在账面上走，却是挂在账上待项目结束在所得税后的利润里列支。认为虽然未发生代扣代缴个人所得税，但利息未计入成本，33%的企业所得税高于20%的利息税，不代扣税税务机关反而能收到更多的税，对国家有利。但是稽查局不这样认为，他们要求企业把社会利息按银行同期利率支付，并及时代扣代缴个人所得税，否则视同偷税漏税处理。所以，房企应不厌其烦地把利息在账上支付，并代扣代缴个人所得税，在税率上比较，对企业更有利。

（二）必须具备个人借款协议

代扣代缴个人所得税手续繁琐，在实际操作过程中确实是一件很麻烦的事。主要是社会借款利息太高，如借款是每月1.5%的利息，而税务部门只允许月1.0%可以支付列入成本，剩余0.5%也须在税后支付，为此还要签2份借款协议，低的一份交税务机关备查，高的交出借人自己保管。这样做虽然很麻烦，但只能如此。否则你不把利息列入成本，徒增企业所得税应税额，这里又要补缴个人所得税。所以，房企应该按时代扣代缴利息个人所得税，并保存借款协议。如果不予重视，待税务稽查部门稽查出来后，就会对个人所得税一分不能少必须补缴，而成本还不给列支，还要处以0.5～1倍的罚款和追缴滞纳金。

总之，房企应想方设法与银行搞好合作关系，尽量用足银行的贷款额度，因银行贷款的利率与社会借款相比，利率相对较低，企业合算，最关键是该利息的支付，是向银行收取所得税的，便于操作。所以房企不到万不得已尽量不要向社会借款，这样可以免去很多弯弯绕绕。

第27策 社会借款利息支付不忘代扣个人所得税

第 28 策
项目完成须及时办结税务汇算清交

一个房地产项目销售完成,项目已竣工交付使用,各项工程款支付完毕,就要及时进行企业所得税汇算清交。有关企业所得税汇算是会计事务中最繁重一件任务,因此,项目会计必须精通汇算业务,理解企业所得税的重要特征。

一、企业所得税的探究

企业所得税是就企业的应纳税所得额所课征的一种税收。在我国现行税制中,企业所得税是仅次于增值税的第二大税种。企业所得税在国外被称为"公司税"、"法人税"或"法人所得税"。它源远流长,最早起源于14世纪"圈地运动"之后的英国,由于当时公司这一组织形式的创设,需经英王特许,才能享受经营商业的权利,故此种对于公司所征收的特别税收,与现代所得税的特征不尽相同,但可以说是企业所得税的雏形。英国自1909年起正式开征公司所得税,此后其他国家也相继开征。目前世界上有160多个国家和地区开征企业所得税。

二、企业所得税是体现公平税务的良种税

按照现代税收理论，企业所得税具有普遍征收、有利于公平和富有弹性等特性，而征收企业所得税的重要理由，更是基于其公平与合理性。与当代经济社会中，企业经营利润未作分配之前，仍为企业之所得，不能作为个人或股东所得，故不能对其征收个人所得税。如果企业所得可不征税，则当企业赢利时，就可能将赢利保留不作分配，以逃避个人所得税，出现税收负担的不公平。故此，在各国所得税税制中既有个人所得税，也有企业所得税。

企业所得税对企业不分所有制、不分地区、行业，实行统一的比例税率。在普遍征收的基础上，能使各类企业税负较为公平。由于企业所得税是对企业的经营净收入亦称为经营所得征收的，所以企业一般都具有所得税的承受能力，而且企业所得税的负担水平与纳税人所得多少直接关联，即"所得多的多征，所得少的少征，无所得的不征"，因此，企业所得税是能体现公平税负和税收中性的一个良种税。企业所得税的税基是应纳税所得额，即纳税人每个纳税年度的收入总额减去准予扣除项目金额之后的余额。其中准予扣除项目主要是指成本和费用，包括工资支出、原材料支出、固定资产折旧和无形资产摊销等。企业所得税通常使用按年计征，以公历年度或公司会计年度作为纳税年度，大多数国家采取分月或分季预交，年终汇算清缴，多退少补。

三、项目完成必须迅速办理汇算清交为上策

不少房企认为,可让项目无休止地延长下去,不办理企业所得税汇算清交,这样,一些费用都可充实成本,而且税务机关工作人员经常调动,今后可能会放松对该项目所得税和土地增值税的追缴。其实这种想法是绝对行不通的,项目开发必须越快办理所得税汇算清交越好,否则将留下很大的后遗症。因目前我国正处在经济的转轨变型时期,税收法律、法规与政策的变数也比较大,若项目尚未办理汇算清交,就完全有可能成为新开征税种的课税对象,且只增不减。税法的立法精神是公正、公平,只要项目已结算,办理了汇算清交,今后任何政策变动都与你无关,不再追究。所以,迟结不如早结。早结早了,你可以腾出精力一门心思去搞另外一个项目,不用为老项目遗留下来的问题而整天提心吊胆。

这里举一个例子:某市有一家房企,开发一个大型项目,在1999年竣工交付使用,项目部把应交之所得税提在账上,其余利润全部分光。但是因诸多方面的原因,项目一直未办理汇算清交。2004年,地方税务部门对该项目进行汇算清交,追缴企业所得税和土地增值税。企业所得税提在账上可以支付,但以前不知道有土地增值税这税种,所以没有留成。本次经汇算,利润超出20%以上,核定补缴土地增值税3000余万元。但因属项目公司,资金早已分散,无法重新筹集,搞得痛苦不堪。如果该项目公司在2002年前已结清,就不用再追缴土地增值税了。

四、及时汇算清交有利于全程成本控制

我们正处在法规、政策多变的时代，许多变数都令人瞠目结舌。加之房企开发项目时间周期长，最有本事的人也不能预测4～5年后的政策走向，所以，项目只有及时汇算清交，才能有利于对整个项目的全程成本控制，及时结转真实利润，防止太多的不可预见性费用支付，减少留守人员的工资费用的开支，达到最大效益的目的。

总之，项目完成汇算清交越抓紧越好，要创造一切条件，迅速理顺各种关系，立即办清工程决算，将预付款全部取得正式发票进入成本，并及时与政府部门结清散装水泥费、新墙材押金等规费，然后立即报告税务机关，请求它们安排出工作人员，尽快进行汇算清交。只有这样，项目不管赚钱与否，只要不留后患，就是成功的项目。

第6章

财 务

第 29 策
工程款支付的各项控制

房企开发一个项目，巨额的工程款需要支付，是项目财务运行中的一个至关重要环节，必须重点进行控制，有关操作办法可供参考。

一、加强工程款支付的专项监督

有经验的房企会派出一名财务总监，及时监督工程款的拨付。坚持必须用银行汇款，而不让出纳用现金支付的原则，因为只有通过银行转账，才能取得付款的完整支付凭据，今后顺利地进入成本，不会派生出其他枝节。如简单地用现金支付，就容易出现纰漏，今后会派生出不少说不清、道不明的事。

二、坚决杜绝用现金支付工程款

房企必须通过银行发放工程款，而决不可用现金坐支，这也是财务制度的基本要求。为了做到用银行支付工程款，首先工程发包必须选择正规施工单位。一般土建必须经过招投标，由中标单位开一个项目部账户，所有应支之工程款全部汇到乙方账户，乙方开出凭据交甲方作账，一般是很清楚的。但房地产开发项目，牵涉到发包分项科目太多，如给排水、电气、消防、人防、门窗、外墙涂料、地下室挖土、围护、填矿渣、勘探、设计、荷载试验等。由于这些分项工程的工程造价不是很多，于是就要求甲方用现金支付，但现金已支付多少，支付给谁只有出纳的现金日记账记载，没有银行凭据为佐证，会发生很多误领款项、多领款项的情况，于财务管理极其不利。

有一家房企将地下室基坑围护工程发包给当地农民，分六次已付现金 100 万元，在决算时，对方硬是说预付款只收到 80 万元，还有 20 万元未领到，而房企的出纳现金登记簿上已发生预付 100 万元。当双方争不清时，还好财务总监处保存有现金支票的存根，还有银行对账单为证，对方才承认已领走 100 万元。由于工程发包，乙方普遍要求甲方用现金支付小额工程款，这时甲方必须晓之以理，并婉言拒绝，不能方便他人而麻烦自己。

三、坚决杜绝以白条子领取工程款

房地产的开发，其成本的构成是非常重要的大事，因税务部门汇算清交各种税收，主要是看成本扣除额是多少，主要是查对建安发票和合同的金额是否吻合。而一个需数年时间开发的工程，其分项安装工程的支付也是非常多笔，且数额不菲。而这些分项安装大都是私人工匠所为，有施工能力但无法人资格，无处开发票。唯一的办法是对每一项都要签订协议，然后凭决算书和协议书，由施工方自行到纳税大厅去缴交应征的税,税金加在造价中,虽然税率高了一些,但毕竟可以进入成本。

过去有一些房企的做法是,将分项安装工程以白条子收进来,现金支出去,每月积累起来,再到总包的土建公司补给6%的税费后,补一张建筑安装工程发票全数充抵"白条子"进入成本。但是,随着税务稽查工作的不断加强和完善,总包合同如果超额很多,也是不过关。如果因此被剔除出去不能进成本,损失就会很大,而这些分项安装本来项目开发就有之,本来可以进入成本的支付,由于自己操作不当而不能进入岂不可惜!为此冤枉多缴税更是不合算。所以,房企项目财务管理必须坚持通过银行汇款的原则,不能随意用现金支票付款,或者由出纳取到现金再支付工程款,更不可以坐支的方式将预收的房款现金直接支付工程款,以避免造成了账目的混乱。而一个项目的开发,从工程款到各种费用,为数较多的开支都只有"白条子"和材料发票。你如不加以把关,这些"白条子"和材料发票就处理不了,因"白条子"不能进入成本,从另一个角度说,每报销1万元"白条子",你还要为它承担33%即3300元的所得税。

四、公益事业支付必须索要有效票据

某房企的企业资质晋升,本来要搞庆典活动,但董事长致富不忘回报社会,乐善好施,建议公司办公室联系市"山老区办公室",把本来用于庆典的活动费7万元送到老区的一个村筑路用。该村开出一张普通收据交公司作账。

至年底税务汇算清交时这一张"白条子"被补税近三万元。这就是做了好事要纳税的具体表现,许多企业都想不通。所以,凡房企的公益性赞助支出,尽量向对方索要县级以上慈善总会的收据才可以进入成本。

五、材料发票不能充抵成本

税务部门硬性规定,房企的任何工程款支付,必须得有建筑安装发票才可以进入成本。一些没有经验的房企,经常把对方的材料发票收来入账,但在汇算清交时,这些材料发票全部被抽出,重新给予补税6%,等于是与处理"白条子"的方式差不多。所以,材料发票是不能进项目成本的。

六、建安发票必须是项目所在地开出有效

税务部门还有一个硬性规定,就是建筑安装发票必须是项目所在地开出有效,另一个市或县开出的发票无效。某房企打桩工程请一地级市的一家王牌企业施工,工程发票也是市里这家公司开出,那家公司也按时缴了营业税,在项目期间税务稽查时,强制性要市里这家公司退发票退税,并办出外经证,在项目所在地县城税务机关申报补税,搞了很长时间。所以,项目工程发票必须到项目当地税务机关开出,这样才有效。

七、零星工程款可以代开发票方式支付

在项目建设过程中,房企不可避免地会碰到很多零星工程诸如平整费、挖机费、清理场地费、搬运费等实实在在都是"白条子"。因工程量太少,不便签合同和到门征开税票领款,实在没有办法,这时你可以由他们自己找一家建筑公司代开发票,所有的零星工程费支出,都到建筑公司开来发票,宁可把税金加进去,以确保"白条子"不直接入账,而建筑公司开出的发票税率不超过6%,而"白条子"直接入账不能进成本,就要承担33%的所得税。

任何白条子都不能进成本,工程款发放不能用现金支付等,这是房企财务管理的最基本ABC常识,所以房企的财务报销必须严格把关,做好各方面控制,否则,由此而会产生虚假利润,枉而多纳了企业所得税。

第 30 策
不可预见费：项目总投资测算时应计足

成本预测是开发项目可行性研究的重点，是成本管理的首要环节。为了保证开发项目目标利润的实现，房企首先要进行成本预测，其次是对其成本耗费作出合理的测算，制定目标成本（其构成是开发成本＋期间费用）。

关于成本预测的基本程序是：收集历史资料，进行市场调查和掌握市场信息，进行销售和价格预测，初步测算目标成本和目标利润，充分考虑变化因素、计算预测误差、修正目标成本以及组织对目标成本的评估。

房企开发一个项目，从参与土地的"招拍挂"到交付使用、汇算清交，一般需要耗时 5 年时间，5 年是一个不短的过程，现在我们处于信息社会、数字化的时代，在这样一个时间段里，社会与经济现象有着太多的变数，其中有来自土地、规划建设、税收等政策的变化，也有物价上涨的通货膨胀的因素，也有新建筑规范的实施等等，一般来说这些变数都是要增加成本的。任凭你有回天之力加以控制，但结果是成本增加令人咋舌，从其增幅上分析，其不可预见性的开支从过去三年突破 5%，上升至现在的五年突破 20%。巨大的成本增加，打乱了你企业财务及资金的运营计划，使本来利润可观的一个项目，变成了利润极微，严重的甚至亏损变成了"半拉子"工程。有的因此造成直接参与经营者压力重重，股东为此反目。其主要表现在以下几方面：

一、物价上涨是成本失控的主要原因

2003年铜价只有3万元/t，而2007年铜价涨至7～8万元/t。按1000套住宅的小区而言，强电系统和弱电系统的配电柜、变压器、电缆、电线等要增加成本1500万元。近四年来，钢材上涨了60%，水泥上涨了40%，矿渣、石子、石砂也在涨30%左右。特别是人工工资涨幅最大，上涨了100%。

二、政策性的多变也是成本增加的主要原因

一是附加税和有关费项的不断上调，4年增了10%左右。职工强制性五项社会保险（养老、工伤、失业、生育、医疗）实行规范的实名制工资表列支，个人收入所得税一般都要由企业承担。企业所得税的预交后增加的利息成本，银行贷款"急刹车"造成的增加社会利息支付等等，成本不断增加。

三、新的建筑和验收规范出台使成本不断增大

现推出的外墙保温、断桥中空铝门窗，使原建筑造价

增加了15％。而人防、消防、避雷、环保四项投资更是增幅达20％。新的验收规范在项目交付使用前要先进行空气检测、弱电智能检测、电气消防设备检测等,也需很多费用。

四、城市基础设施配套是增加成本的重大支付

本来"招拍挂"所得的地块,小区以外的基础设施应由当地政府投资,但许多地方政府由于资金困难等各方面的原因,一直未投资。比如强电输送要从遥远的变电站拉电缆过来,许多地方搞起了三三四制,即由政府投30％,房企补30％,供电部门投40％。有一家集团公司在某县城开发,交房后两年未给予送电,一直使用原施工变压器。这里要承担电费的差价,又要被供电所处罚,说是商业用电未经批准不得使用施工变压器。农历年底,小型施工变压器超负荷爆炸使整个小区全部停电,居民情绪激动吵闹起来,房企闻风走人,居民便跑到县政府吵闹。有的县城排污管网受阻,排污处理系统长期不建,环保部门要求房企搞三级污水净化系统,于是要求小区内设3～5个大型生态化粪池自行净化,待达标后再排出区外。这些巨型生态化粪池造价非常之高,每立方米空间造价要700元之多,一个小区如要求做总容量3000m^3化粪池,造价就要达210万元。

五、建筑垃圾清运费支出不菲

以南方为例,多为山区、丘陵或水乡地带,地下室工程挖出来的大多是淤泥,不能用来做砖只能废弃,而弃土场地很难找,有的只好去买地弃土,而且运程遥远。目前油价又一路上涨,所以,1m³ 弃土县城平均达 35 元,而在市区起码要 60 元。一个 1000 套住宅的小区,运土方量达 6 万 m³,造价达 500 余万元。

六、职员聘用工资支付逐年追涨

现在的用人待遇普遍提高,以一个小型房企为例,项目总经理年薪约 20 万元左右,副总经理约 15 万元上下,部门经理约 10 万元的情况普遍存在。一个刚毕业的大学生,到了房企工作,头一个月工资也起码在 2000 元以上,还要企业承担养老保险费等,也是一笔不少的支出。

综上所述,房开项目的成本不断增加,而且还在越演越烈,涨幅势不可挡。有一位专家在讲坛上大声疾呼,要用 12 把刀砍向成本,强制把成本降下来。他认为,如果销售额是 10,成本是 9,利润是 1 的话,即 10－9＝1,为什么不可以是 10－8＝2 或 10－7＝3。但是,这是提倡一个企业节俭办事的一种观点,而真正的成本,却如狂流猛兽,任你采取任何措施也难以降下来的。所以房企在新的项目总成本预测时,必须详尽考虑不可预见费,特别是通货膨胀率持续上涨期间,其额度起码要达 20％以上,方能奏效。

第 31 策
现金流：项目运作的生命线

兴办企业，无论规模和资产有多大，不管是简单再生产或扩大再生产，现金流是千万不能断掉，否则，企业也会很快坍塌，回天无力。因为现金流是企业生存的生命线。有两个案例令人深省。

一、案例

（一）企业主"翻船"入囹圄

2007年9月21日，浙江某实业有限公司董事长胡某被人民法院以非法吸收社会公众存款罪被判处有期徒刑8年。其案由是胡某2002~2006年间，向176户群众非法吸收存款8074万元，而这些借款基本上都用于高利贷的还本付息。据悉，该公司曾是当地大型机械制造民营企业，这样一家企业为何身陷高利连环贷款漩涡？

1979年，20岁的胡某凭借800元自有资金开始了他的人生搏击。1991年胡在家乡建起了占地1万m^2，年产3000t钢球的耐磨机械厂，至1995年，该厂年产值2200多万元，税利上升到450万元。但胡某不甘现状，在参观了华西村、大邱庄等地后，决心自我加压，开发高频焊接钢管业务。此后胡某多方筹资1200万元,兼并了一家倒闭的石材厂,新建厂房3000m²,购置安装了2条年产万吨冷轧钢带和4条年产3.5万吨制管生产线。在2005年该公司又花1000余万元投资3条铸钢生产线,2条冷轧钢带和4条制管生产线。由于市场竞争过于激烈,价格战爆发,钢带毛利从每吨千元跌到了100元,而该公司市场销路一直未打开,企业始终处于亏损。巨大的投资没有效益,600多工人要发工资,在2003～2006年,胡某及家人只得向社会借月息5%或10%利息的高利贷,达6000万元,而滚上去的利息合计共欠8000万元,最终回天无力只得携家眷逃亡,到最后胡某还是被公安机关抓获。事后100多政协委员联名写信给政府要求从轻处理,说胡某借钱确为办企业,自己及家人没有挥霍,但法律无情,胡某最终还是身陷囹圄。

(二) 某集团60亿元负债危机四伏

江苏知名企业某集团掌门人遭遇了前所未有的资金危机。60亿元债务大量逾期,面临19家银行组成的债权人债负委员会清算。

集团创始人张某,创业始于1986年,当时34岁的他以生产队长的身份带领42名"子弟兵"出资28万元在江阴市某镇买下12.4亩土地,建起了装潢彩印厂,依靠电烙铁等简陋的工具生产低档塑料包装带。根据他的创业激情和对包装业的特殊敏感,企业规模不断扩大,年产值占全国用量的15%,特别是生产的香烟包装膜产品替代进口,行销国内120多家烟厂,占全国用量的30%。企业发展到一定阶段后,张某也犯了一些民营企业家的通病,开始盲目扩张,跨行业涉足其他并不擅长的领域,如房地产、典当、担保、酒店等行业，由于经营管理不善，这些占资金很大的产业都产生了亏损。此外，"短贷长投"的情况非常严重，就是很多短期贷款用在长期投资上，使资金收回遥遥无期。还有致命的打击是，为人高风险担保金额超过10亿元。截止2006年11月，该集团资产总额59亿元中，负债总额高达42亿元，股东权益只有5.2亿元，资产权益比只有8.85%，资产负债率已是非常之高，突破极限。企业最终陷入困境不能自拔。

二、根源及对策

以上两个例子向我们提示了企业现金流断了的悲惨局面。究其原因，是以下几方面所至：

（一）用银行贷款作为长期投资是现金流断的主要原因

企业因何猝死？一位政府官员用黑色幽默的语调总结为四句话，"跟风做大动了骨；管理或缺伤了筋；担保扣贷出了血；银行抽资闪了腰。"房地产从标地到预售一般都需要2～3年时间，而银行贷款最长也只有一年期限，形势稳定时，一年期到时还掉可以重新贷，但一遇形势变化，银根抽紧就不能再贷款了，那么，项目前期数亿元的投资没有银行支持，其艰难程度可想而知。

据英国兰德公司统计，世界上破产倒闭的大企业85%是因企业家决策失误所造成的。同时，这些企业没有把握好投资节奏，没有进行合理地长、短期投资安排，没有设计不同行业的资金流互补，却利用短期担保贷款等融资来用作长期投资，出现现金流断掉的情况是必然的。

（二）宏观调控的巨大威力直击企业现金流的神经

步入 2007 年下半年后，国家的一系列税收、金融、计划投资等宏观调控的政策，开始显示出强大的威力直击企业现金流。北京、上海、天津、广州、武汉等大中城市的房价的增幅开始降低，许多的地方房价都呈下挫趋势。房企的经营者面对着年末的那场突如其来的冰雹天气，有人感慨道：遇上了政策与气候的双重严寒。有的房企原计划应放下的银行按揭贷款没有如期放到。原计划赶在年内销售旺季推出一些现房却无人问津。原计划用土地证作为抵押的周转资金贷款化为泡影。以巨额现金"招拍挂"得来的土地资源成为不良资产，大量的建筑工程款需要支付而账户内空空。有的企业被逼得无奈，纷纷向社会求借高利贷，以解燃眉之急，每月 3％的利率吓人这时也顾不了那么多，先借来救局要紧，真是有点像口渴喝盐卤的味道。许多房企的老总们焦灼万分，真有大祸来临的感觉。然而信用好的企业尚还可融资。信用差的企业，融不到资金只好拒付工程款，老总三十六计，走为上策，一躲了事，任凭民工包围办公室到处投诉。致使企业从此一蹶不振，威信受损，皆为宏观调控的威力直击企业现金流神经所至。

（三）扩张太快是企业现金流断的罪魁祸首

企业家统领企业的通病就是扩张太快。当房市面临高潮时，大家拼命去融资囤地，有时完全超过了企业本身的能力极限，忘记了房地产有低潮和高潮的波浪式法则，一味追求做大做强。一遇低潮来临时，面对银行索债，到处借钱无着，只好向社会借高利贷过日子。本来可以把土地转让几块出去，但低潮时，最便宜的价格也无人承接，企业因此到了死亡的边缘。

有鉴于此，房企必须保持清醒头脑，确保企业运作正常，现金流不断，为了企业的长期稳定发展，各房企必须适度放慢企业发展速度，减少屯地面积，确保企业现金正常流转，立于不败之地。所以，房企应该制定抗风险预案，平时账户上必须准备一部分现金以备急用。尽管这些资金"躺"在银行里发挥不了多大的效益，但在紧急危难情况来临时可以救局。特别是每年的农历年末之际，大量的民工要回家过年，工程款是万万不能拖欠了，因有国家政策保护，你又不愿意使企业上黑名单。此时，你对应收款的预备要有多种方案，万一前方案资金无法回拢，可以立即启动第二种方案，或向一些财务公司提前挂钩，借些社会高利贷应急，以防万一。

总之，现金流确实是房企项目运作的生命线，各房企老总必须万分重视，运筹帷幄，及早安排，早有预见，方能脱离困境，才使企业经久不衰。

第7章

其 他

第32策
前期物管：项目纠纷和投诉的源头

房企开发完成一个项目非常不易，可谓想尽千方百计，历尽千辛万苦。房企老总每日如履薄冰，如走钢丝，提心吊胆，其痛楚之处是常人难以理解的。但是，纵是千难万难，项目完成后，竣工交付使用时的前期物业移交处置，才是真正的难。因为大量的业主投诉就从这时开始，处置不好，将后患无穷，其潜在的问题是多方面的。

一、前期物管的种种问题

（一）前期物管处置不当是造成投诉的重要弊端

由于房企责任重大，在交房前后为了使小区环境保护良好，设备运行正常，业主情绪稳定，自然先委托一家物业管理公司进场进行前期管理，签订一份详尽的合同，内容注明需要多少人员，多少开支，管理方法等，丝毫不敢马虎。然而，如果请进的这家公司管理效能太低，或者以高盈利为目的，人员素质又差，这一下就非使房企吃尽苦头不可，严重的会掀起轩然大波，使业主和房企从此走上漫长的打官司之路，成为业主投诉的重要弊端。但如果房企请进的前期物管公司品牌卓著,具有多年管理经验,服务周到,并能善于协调业主与房企的关系,这个项目的开发及至交付入住后可能长治久安。

(二) 业委会成员素质高低是物管工作的关键

房开公司完成开发任务后,今后小区的长治久安均依赖业委会。而业委会的成员素质高的话,就会顾全大局,善于化解矛盾,在合理保护业主的合法权益前提下,与房开公司、物管公司友好相处,三方面共同做好物业前期交接。反之,则风波不断,纠纷无数,大家都陷入痛苦的境地。

因为房地产毕竟还是新兴的产业,历史不长。过去对房地产的开发,物业管理等具体细节法规不很明确,房企操作亦不规范,所以使房企在交房后与业主产生很大的矛盾。比如业主委员会不是民主产生而是开发商指名组织的,虽成立了业委会,但众多业主不承认;房企对物业用房没有余留,而是后来政策明确必须交7‰用房后,重新到业主手上租回来做物管用房;开发商擅自扩大密度侵占项目绿地,并在上面建房子;过去的物业基金是由房企交缴的,但房企未按规定交足;房企把会所和地下车位卖掉,而业主坚持说会所和车位建成成本已摊进房屋成本,车位和会所应是业主共同所有的;电梯品牌与实际厂家不符等一系列矛盾。多年来,这些矛盾比比皆是,不胜枚举。双方姿态高的,经主管部门调解后也可协商解决,但更多的还是走上诉讼之路,而且年复一年,旷日持久,双方痛苦不堪。使不少的业委会主任在嗟叹:"维权虽是很时髦的词,但维权的成本之高,难度之大,实在是常人难以想象的。"而更多的房企有苦无处说，认为公司绝对没有侵犯业主利益的想法，这些说不清道不明的事是过去法规不明确，是历史遗留下的问题，现在业主提出的巨大索赔条件实难承受，只好横下心来与业主打官司。所以说，业委会责任重大，它的人员组成必须是一些具有极强的社会公德心、非常顾全大局的人，方能驾驭矛盾，管理好小区。

（三）业委会成立滞后是前期物管不顺的重大原因

进入21世纪后，房地产业已基本成熟，国家不断出台房地产开发和物业管理等新的法规政策。这些政策进一步明确了如物业维修基金由业主交纳，由房企代收代缴；房企的小区开发必须留有地上占容积率指标的7‰的商用房和物管房；土地的招拍挂十分刚性地确定了建筑物的占地面积，绝对不允许房企私占绿地建房谋利益；房企的会所可以卖掉也可以白送给业主使用双方以合同约定为准；物权法的出台，也明确了地下车位是房企投资，所有权归房企，是卖是白送亦以合同约定为准。以上种种，基本上解决了过去双方原则性的争论和纠纷，因此房企和业主大的官司是打不起来的。

但是，因房地产是大宗的不动产买卖行为，金额巨大，从质量、交房时间、办证时限、绿化档次等等，还是有许多分歧存在。最重要的是业委会要等住满60%的业主后才可民主选举产生。这样，做为过渡期，能联系业主和房企的纽带和桥梁作用的角色是靠前期房企委托的物管公司了。所以，这家最早进入小区的物管公司关系着小区各方主体今后是否友好相处的命运。为了使前期物业相对稳定，让业主真正能安居乐业，规避业主和房企的矛盾，不少大型房企都自己成立物管公司，小区的前期物管委托自己下属的公司管理，这样比较顺畅。但更多的中小型房企根本没有心思搞物业，所以都是委托他人代管前期物业，于是就派生出许多麻烦，但如果业委会能及早成立，房企把小区前期物业直接移交给业委会，情况就会好得多。

（四）前期物管公司短期观念也是产生问题的关键所在

目前，各房企对项目竣工交付委托物管公司进场管理的时间不一，有的房企根据项目需要，提前半年或一年让物管公司进入，有的房企是竣工交房的当月请物管公司进入。陆续交房和装修阶段，人员基本未入住，且装修户数量也远未达60%，所以还不能成立业委会。而且业主并非是交房后就立即装修入住，许多人交房后不装修也不入住。这样的情况下，物业管理费是收不足的，凭收取物管费开始正常的物管工作是不现实的。所以，就需要房企进行前期物管经费贴补。

通常的标准是物管公司先进入20~30人，房企每月补贴3~5万元，加上物管公司收取的部分物管费、装修搬运费、房企余留的商用房出租的租金等收入，进行正常的前期物业管理工作。这种补贴一般支付至业主住入将近60%时终止，约在交房后的一年左右。这对于有品牌的物管公司来说，一般都会努力管理，万一出现暂时亏损总公司宁可拨款补贴，也不会松懈管理。但对于刚成立的一些物管公司就不一样了，他们因短期观念，其主要目的是营利，就会借前期业委会未成立无人监督的有利时机，大做创收文章，然后在业委会成立后立即走人。这种做法自然就会给长期管理埋下隐患。

某房企完成一个小区的开发,委托一家物管公司进行前期管理,合同写明物管公司先派20人,其中保安员14人进入,房企每月补3万元,不足的由物管公司通过收费解决。开始管理后,物管公司为了创利,人员没有全数到位,特别是保安的工资定得很低,而且频频换人,这样保安员都是未到三个月试用期就走人,物管公司支付的都是试用期的每人数百元工资,达到了节省工资的目的。但人少了,又都是很不稳定的试用期,小区保安形同虚设,小区设施设备常被偷盗,达不到物管要求,为此房企大伤脑筋。另外,物管公司将房企交付的商用房顺利出租而且租金不菲,并参与业主装修搬运工作,也有一块很大的收入,这样加起来,不需房企拨款也能维持,而房企的拨款便可做为纯利润收益了,于是弄得各方都有意见。

(五)物管公司夸大维修费用坑房企

某房企开发一个大型小区,委托物管公司进行前期管理。由于房企已支付了一年半的经费,按合同停止了补贴。物管公司为了创收的利益驱动,于是动起了设备更换要求房企出资的念头。因这时业委会仍未成立,不能动用维修基金,于是物管公司就对水泵、发电机组、电梯等的一般维修夸大毛病范围,要求房企支付资金。某次,物管公司向房企送来一张书面报告,称小区内有一台电梯的变频器坏了,电梯已停止运行,需要1.5万元更换,要求房企迅速拨款,防止业主投诉。房企老总接到报告后认为变频器一般十年内是不会坏的,如坏了,也应由厂家保修。于是打电话给厂家要求派人免费维修或更换,厂家立即派人查询,却查无此事,房企工程部派人前去查明原因。原来是物管公司将电梯的保养和维护未委托原提供电梯的公司，而是与别的公司签订，这家公司将一点小毛病故意说成是大毛病，擅自拆走了变频器。当房企工程部追查下去时，对方才说是拿去检测一下，并不一定要换掉。像此类物管公司与维修单位联手"黑"房企的例子也不在少数。

（六）物管公司不承担设备维养责任问题突出

有一家物管公司认为房企有钱，不要白不要，于是经常向房企叫苦喊冤，说自己接管的小区收入不足管不下去了，要求每月继续补贴。房企认为合同补贴期已过，于是给一点小钱打发掉。但物业公司还是很有意见，于是把每年一次的电梯检测费拖着不交，推给了房企，当电梯的检测部门通知房企交款3.8万元时，房企感到莫名其妙，于是告诉检测部门，根据前期物管合同规定，交房当年的检测费由房企交缴，今后都归物管公司交缴，把"皮球"踢回了物管公司。但物管公司就是不交，也不把情况反馈给房企，一年后，这家检测公司一纸诉讼把房企和物管公司都告上法庭。说两家公司拖欠3.8万元检测费，按国家有关文件，处以滞纳金18万余元加本金3.8万，合计要交21万余元。房企老总见到诉讼吃了一惊，该房企是地方明星企业，不愿就这一点小事对簿公堂。于是老总出面找到检测公司经理，言明物管公司不交就算了，愿意由房企立即交款并承担对方的诉讼费，要求不加滞纳金。检测公司终于同意，于是房企交了3.8万元检测费和对方的5000元诉讼费平息了纠纷。像此类逼房企就范的例子各地还真不少，许多房企都经历过。

（七）物管公司挑起业委会和房企纠纷自己渔翁得利

有一家物管公司嫌房企给的前期补贴太少，没有遂愿，于是故意把房企未卖出去的地面车库的交通要道上面画线成了临时停车位，众多的业主把车停在车库门口，至使车库无路出入，30余个地面车库被困死无一卖出。已经卖出的几个也因为无路出入，而要求退还给房企，使房企一下子损失了300余万元。此外，还把房企可能存在的薄弱环节通报给业委会。如园林绿化的原预算投入是近500万元，现房企只投了460余万元将合同发包出去，说明绿化景观未全部到位等。致使业委会向房企提出要追补绿化经费。而房企认为与业主的购房合同并未说明景观绿化投资是多少，所谓原预算是否500万元尚无依据。但房企为了广大业主的情绪能够平息，消除矛盾，就又花了十几万元，买了数棵大树补种在小区，才平息了争端。所以说，房企尽管是自己多方挑选进来的前期物管公司，然而也有"走眼"的时候，有的物管公司由于欲壑难填，最后反叛倒向不甚讲理的业委会，并帮业委会出谋献策，以此挑起事端，使业主和房企对立起来，自己渔翁得利。

以上事例举不胜举，令人生畏。其实业主和房企，在现今非常规范的开发时代，大家如果都按照商业规则办事，应该无须对立的。做为业委会，维护业主的合法权益的职责和他们往往偏激的心情是可以理解的。而房企建设一个小区须投资数亿元乃至十几亿元，也不会有意在质量上损害业主利益，而产生一些非房企主观愿望方面的小失误，也应得到业主的理解，但这需前期物管公司充当桥梁和纽带，起到和事佬的作用。但如果物管公司为达到更多的利润而反水,在业主和房企之间搬弄是非,这是很可怕的,一些业主和房企旷日持久的打官司主要的原因还在于此。

二、做好前期物管移交工作的建议

为了真正做好前期物管移交工作,共同创造和谐的小区社会环境,求大同存小异,消除业主和房企的敌对矛盾,笔者认为:

(一) 选择前期物业公司应慎重

房企在寻找前期物管公司时,必须慎重并认真把关,必须选择较有名气,品牌较响的特别是有诚信的公司,房企要察看这家公司过去管过哪些项目,而这些被管的项目有无发生业主状告房企的事例。如果是被管过的小区业主和房企均友好相处,并无口角的情况,便是绩优公司,可以履行一定的协调手续给予委托。

(二) 房企自行成立物管公司也是好办法

有条件的房企还是自行成立物管公司为好,自己管辖的下属公司,财务归总公司管理,负责人又是总公司派过去,可以信赖,一般不会发生反水而挑起矛盾的非正常情况。

(三) 人员和经费分离应对前期物管有利

如果必须委托他人承担前期小区物管的,可以实行人员和经费分离的原则,即人员由物管公司指派,经费收支均由房企自理。将前期的物管成本在房开的项目里列支。待住户增加至收费可以抵得管理开支时才放手交物管公司独立管理财务,这样不易产生矛盾和扯皮。

(四)房企宽宏大量增加投入可以平息前期物管的争端

前文已说过,对于房企开发一个项目,你就是考虑十分详细,时时从维护业主权益着想,但百密也有一疏,难免今后业委会成立时照样提出这样那样的意见,这时候房企就要宽宏大量,虚心接受人家的意见。如果是交房期拖迟了,就要根据合同予以赔偿,或以空置房或其他实物折价相抵。如果是对绿化景观方面有意见的,你就再投十余万或数十万元买一些大树补上。如果是对设备和设施方面有意见的,你就要尽力予以整改,虽然多投一些钱,但图一个和谐友好的局面也是有价值的,千万不能以省几个钱而和业主闹翻。如果亦意气用事,双方轻易地上法庭,那就得不偿失,真是大错特错了。

综上归纳,房企开发一个项目,历尽千辛万苦,终于将项目交付给业主使用,经历了大大小小的劫波,这最后的难关便是前期物业管理的移交和业委会刚成立这一段时间。有经验的房企总是非常关心这一阶段的协调工作,深刻领会前期物管是项目纠纷和投诉的源头。从而与业主达成友好的关系,尽量不打官司,维护企业声誉,品牌也就是这样做起来的。

第33策
资质挂靠：后患无穷

几年前，全民经商的热浪高涨，在所谓的房地产有高额利润的诱惑下，一些从来没有做过房地产的人士，只要手头集中了一部分资金，就跃跃欲试去搞房地产。鉴于我国房企资质管理的制度非常严格，不少人就寻找有资质的房企进行挂靠开发。所谓挂靠开发，其实就是一些人投资组成项目部，借用某房企的资质进行开发活动，上交给房企0.5%～1%的管理费。这种做法为害非浅，极容易出现严重的后果，轻者被挂靠的房企受到经济索赔，重者还会被诉诸法律，教训尤为深刻，以下几个案例发人深省。

一、案例

（一）下属项目部拖欠土地款累及被挂靠的房企

有一家房企，在房市高潮时资质被人"挂靠"开发，成立项目部。但该项目部承受不住资金困难，在低潮时售房，结果发生亏损，因此拖欠当地国土资源局400万元土地增容费。为此国土局多次发通知给这家被挂靠的房企，要他们承担交款责任。房企亦书面多次通知下属项目部交款，但项目部就是一直推诿不交。为此，这家房企因下属项目部拖欠出让金,被取消了在当地的地块投标资格,错过了良好的发展机遇,企业被迫转向外地开发。这个房企未收到下属项目部一分钱的管理费,最后还被累及远走他乡。拖了四年,这个项目部才交了款。

(二)下属项目部受蒙骗房企被诉上法庭

有一家具有一级资质的房企集团,自己本公司开发非常规范,多年来未发生任何投诉现象。5年前,企业的法定代表人的亲戚要求挂靠资质,在邻县开发一个30亩地的小区,于是成立项目部予以开发。这家项目部把商品房交中介销售公司预售,预售款每户收5万元。谁知中介公司不守信用,收了20余套房子的预付款计百余万元,不向房企项目部交款,就撤销了公司,负责人把这笔巨款私自卷走,但开给购房者的收据印章都是房企项目部的。于是客户找房企项目部要房子,房企项目部称不知道,而这套房子已卖给了别人。20几位客户纷纷到法院告状,因挂靠开发,这家一级房企今天接到法官的传票,明天要派人上法庭应诉,后天账户被查封。更有甚者,一位好事者把该事捅到了省里的一家报社,报社立即把稿子传真到房企,言明交2万元赞助可以不发,否则如果情况属实,就在省报上刊登。无奈这家集团房企法定代表人亲自到省城,交了2万元赞助款,把稿件"赎"了回来。

(三)房企被挂靠项目太多最后倒闭

某县城一家二级国有房企,资金和开发能力有限,索性自己不开发,任由人挂靠开发,在1998年期间共挂靠了13个项目,靠收管理费过日子。此后由于督导不力,使之税收稽查屡出问题,惊动省财政厅领导,于是省里的税员下来坐镇审核，使属下的项目部两年内所有账目都放在税务机关排查，无法取回。2004年，这家房企终因抽逃注册资本的违法行为发生，而被工商部门吊销了营业执照。

（四）接受"回留地"项目挂靠房企受审查

有一个大村庄，手中有一块35亩的土地，已经被规划成住宅用地，属于村"回留地"。村干部组织一个项目开发班子，挂靠一家房企资质。因市政府规定"回留地"也要通过"招拍挂"出让，土地收益款20%交给政府，其他交村里，但允许村民参加竞投开发。该地块在2007年初经过竞投，被另外一家房企摘牌拿走，原村干部组织的项目班子挂靠资质的公司未中标，但用了一些钱，欲要在村民中进行摊派，村民告起来，市里派人到被挂靠的公司查账，看当时资金是如何打进公司去参拍土地，又是如何划还村账户的，搞得这家公司被接受审查。

二、建议

上述例子举不胜数，因此，房企资质绝对不能被人借走投标或让人挂靠开发。特别是一、二级房企，资质来之不易，如果让人"挂靠"后其下属项目部出了问题，就会累及被挂靠的公司，为此一旦资质被吊销，真是后悔莫及。但是，现实社会人情面子大似"王法"，平时有人要求挂靠是很难推脱掉的，因此，如何规避资质挂靠，笔者建议如下：

（一）制定严厉的制度杜绝挂靠

房企必须制定严厉的把关制度，对是否可以挂靠的项目必须召开公司高层重大联席会议集体确定，防止企业法定代表人因顶不住人情面子而轻易一个人拍板被人挂靠。可将资质证书、营业执照等复印件、印鉴交企业党支部书记保管，因党的书记是最守纪律的，完全可以信赖。或者交给监事会的监事长控管，因而防止企业某个高层领导私下把复印件拿出去，造成事故。

（二）提高挂靠条件使人放弃挂靠

可以用提高条件的办法杜绝挂靠。如有人非要挂靠不可，可以告知其须按项目销售额交2%保证金，如一个5亿元的项目，须交保证金1000万元，人家会因舍不得交款而不会坚持要求挂靠。对情况很特殊实在推辞不掉的挂靠项目，房企应派人进行考察调研，然后注入资金，必须是本房企占第一大股东，在这样的情况下，方可让人参股或挂靠。

总之，挂靠开发责任实在重大，宁可先做小人，这样才有后来的君子。决不能因一时的人情面子难却而答应别人挂靠，以防今后徒增烦恼。

第 34 策
用人控制：房企的第一要务

房企的员工无论是在哪一个工作岗位上，都为企业创造财富，善待员工也是企业老总的职业道德。毛泽东同志曾经说过，政治路线确定之后，组织路线是关键，这个组织路线提的就是用人。常言道：载舟之水可以覆舟，如用人不当，是会捅漏子的。现实社会有许多用人出事的案例引人深思。

一、案例

（一）鑫富药业上演"无间道"

浙江鑫富药业投入几千万元巨资，耗时两年成功研发"生物法"生产维生素 B5，并成功申报国家专利。产量从 2002 年的 1000t 猛增加到 5000t，成为全球最大的生产商，因此也掌握全球维生素 B5 的定价权。这家药企的崛起，使业内不少人眼中"出血"。山东某药业想了一个"下三滥"的策略，派商业间谍到杭州坐镇策反，进行收买鑫富药业的关键人员盗买技术活动。山东某药业以 26 万元买通了鑫富药业的 5 个技术人员，让他们提供非标准化设备的图纸，如"喷雾干燥反应器"的设计图纸，偷盗生物酶的样本等，为该药业所用，使产值从原来的年200t猛上升到2000t，而价格比鑫富药业低25%，抢占市场份额。此时，鑫富药业领导人还被蒙在鼓里，后来因山东某药业支付间谍费分赃不均，"间谍"之间发生"内讧"而暴露出来。鑫富药业向公安部门举报，在公安部门立案追查过程中，山东某药业为了报复，收买鑫富药业水解车间员工在反应器里倒进硫酸亚铁，又教唆成品车间的一名员工将垃圾装进成品箱，还引使锅炉车间一工人制造锅炉事故停产等一系列破坏活动。待案件告破，鑫富药业整个损失上亿元。所以说，企业出了"内鬼"是一巨大的灾难。

（二）会计作祟，企业被处巨额罚款

大凡民营企业的老总，对财会业务一般都不很熟悉，个别人可能连资金流量表、资金平衡表、资产负债表等财务报表都看不懂。平时如何申报纳税，应纳多少税，有多少税种也不太清楚。只能都让会计说了算。有的财会人员缺乏职业道德，故意埋伏隐患，然后向公司勒索，否则就去举报。有的工作严重不负责任，财务账目是一本糊涂账。某建筑企业老总与会计因工作关系产生矛盾，一怒之下辞退了他。该会计人员为了报复，把该公司5年来的"罪证"一一收拾起来，遂向税务部门举报。经税务稽查部门稽查，该企业补税及罚款额达600万元。虽然经查实该民企老总没有指使偷漏税行为，皆因企业财会人员没有及时申报，或报错了税率等。依法补税企业认了，但被罚款总是冤枉的事。该企业从此一蹶不振。

(三) 雪中救人反成其祸

有的老总,在某人最倒霉时,扶他一把。此人便怀以滴水之恩涌泉相报的报恩情结投奔到他的麾下,从此便成了一把得力助手。这样用人成功例子不少,但反面例子中被害得最惨的也是这类。究其原因,皆因失败之人不一定是机遇比别人差,运气比别人背,俗话说:可怜之人,必有可恨之处。若是他本因为人刻薄伪劣,致使每每事业不成,这时他依靠成功人士提携一把又浮上水面,往往不知报恩,反过来为了私利,不计后果狠赚一把然后走人。

笔者曾有一少年朋友,因都出身"黑五类"家庭,极左年代都在受压,成年后,此人后来又弄得妻离子散债台高筑。便各方打听,找了过来。请求先借几万元钱救急,然后要求安排工作。我与他毕竟数十年来未曾谋面故没有轻信。经调查,此人在近二十余年里,因个人素质差,生意屡屡亏空,以至走投无路,于是不敢启用。但此人赖着不走,苦苦缠了一年有余,只好答应试用一段时间再说。在试用期里佯装老实,也做了点事。有一段时间公司指派他去一个收尾项目负责催交房款,收来的款规定先存入他的存折,然后到公司交账给出纳。但他收了十余万元款后一走了之,当我气愤地打电话责问他时,他说:"要钱没有,要指头可剁一个给你。"闻此言,我如坠入冰窖,后悔莫及。从此我对末路穷人的聘用越加慎重,没有三年五年试下来,是骡子是马长期遛下去,一般是不给予重用的。

二、存在问题

上述例子,皆为企业用人出了问题,以至企业造成巨大损失。因此,企业用人是关乎事业成败的头等大事,当前企业用人存在的问题有以下两方面:

(一)"请客"容易"送客"难

经营一家像样的企业,聘用中层干部至关重要。这些较有能力和水平的青壮年人,到你公司上任后,干了一段时间,他认为你给的待遇低,可以屁股一拍一走了之。你如认为此人徒有虚名,能力极差用不下去,意欲辞退他,却是千难万难。当你发给他应得的全部工资和其他报酬后,没有补给数万元"体面钱"是根本走不掉的。一些个人思想素质差的,在工作期间早已脑中树起"反骨",平日一直在收集对企业不利的情报,根据早已搜集到情报,然后抓住你的软肋,整死你没商量。这些方面的教训太深刻了,以至于民企老总聘用高、中层干部像找女婿一样谨慎。所以说要认真把关,调查摸底,请一个好客,就不用打算把他再送出去。

(二)高薪未必请到"高人"

过去我总认为,手下皆为平庸之辈,缺乏团队精神的原因是给的待遇不够。一直信奉财散人聚、财聚人散的讲法,故待到企业有所发展时,就一直在大踏步地给手下加薪。然而拿高薪人士大多在打哈哈过日子,事业上毫无建树,交办的事情照样拖拉推诿,情形还不比过去低薪过日子跟随我们打"江山"的那一批人。于是只好采用老办法用人,即控制高薪,但按完成任务和具体业务给予另行奖励。

三、用人建议

以上所述,皆是企业用人不当出事故的案例,以及目前企业用人存在的问题。那么,如何用人比较可靠呢?笔者谈个人粗浅认识供大家参考:

(一)项目参股是激励人才的最好机制

笔者办了二十几年企业,经过无数次的试行,最后摸索出一条最有效的经验,就是项目拿出一些小股份,让公司骨干参股。但凡打工者都无多少资本,否则自己都可以当老总了。但是追求财富、希望自己快速致富乃是人之天性。你抓住这一特点,当一个新项目启动时,你要派人过去管,你给手下每人1%,哪怕是0.5%股份,也可激励士气,促使他们主动负责把工作干起来。

(二)可用老子的"无为而治"的儒家思想统领企业

现代全球所有的企业治理方式有两种。一种是法家思想,一种是儒家思想。法家思想治理企业是一切以制度说话,推行奖罚分明,恩威并济的办法。对模范执行公司规章制度、业绩优秀者给予重重奖励,对乱章违纪、工作能力低下、精神涣散者严厉批评教育,或者立即予以辞退,以非常严厉的手段统领企业。这样做固然不错,成功的范例也很多。但是企业老总得经常为一些被辞退而"反水"或反目的员工所掀起的冲天巨浪耗费巨大的人力财力。

而老子的"无为而治"的思想观点认为:"无为而治乃大治,我无为而民自强。"他认为的治国方略是不要经常推出苛刻的制度和政策去奴役人民，一切因势利导，顺应自然，一动不如一静。比如一口水井本来在静止的状态是水清似镜，你如非用一根木棒予以搅动，残渣败叶就会泛起。由此引申为治理企业不一定每年发出上百个文件，推出数十次新的制度强制员工执行。而是用儒家思想较为温和的管理手段去治理企业，优秀者可以奖励，落后者可以调离重要岗位，到闲职部门上班但不予奖励，发基本工资即可。特别是一些有关部门领导推荐的人员，如实在不敬业、屡劝无效的，可以设一个闲职办公室，让他们去休闲，发给基本工资。只要不予辞退，领导没有意见，这些落后职工也无话可说，重要的是使这些闲职人员因未受辞退而不反水，对企业和谐有好处。

（三）有计划、深层次地对员工进行培训和培养

企业要发展，面对竞争日益激烈的21世纪，企业家要创造业绩，离不开优秀人才的参与和贡献。现实中，众多企业家却拼命忙于积累财富，因为大家认为只有财富才能使人有安全感、成就感。然而，全球经济一体化的今天，真正做大做强的企业家却忙于聚集人才，想方设法留住人才，因为他们懂得唯有拥有优秀的人才团队，基业方能永续。因此，一个伟大的企业家总懂得金钱有用尽之时，而拥有优秀人才团队则可以坐拥天下。做大事、创大业的人不一定事必躬亲，最重要的是会管理、会用人，依靠众人的智慧和力量来实现自己的目标。对企业家而言，在真正意义上实现上述目标，关键的前提是如何培养员工的忠诚，如何留住员工的心。所以，决定企业成败关键的核心是"企业家的用人之道"。因此，企业在任何时候都要重视员

工的培训和道德伦理方面的教育和培养。

　　综上所述，企业用人成功与否，是企业成败的关键，用人控制乃是企业第一要务。当然，用人成功的企业不在少数，但企业由于用人不当祸起萧墙的例子却也不胜枚举，我们确实必须慎之又慎。而总体上来说，企业应把员工的培训和培养当成大事来抓，努力培养员工的忠诚度是目前企业的最重要工作。

第35策
正确预测未来形势

企业的发展犹如一辆行进中的汽车,行驶速度太快了,机动性能就差,很容易出事故。反正都是行车,都是为了到达目的地,我们虽迟几分钟,但平安到达有何不可。综观目前众多房企受困,皆是因为未能正确预测未来形势,贪心不足,在做大做强幌子的激励下,加足马力飞快地超前奔去,而且速度开到极限,这同行车一样。有道是:十个事故九个快,当然就易出事故。一旦真的出事,就会人财两空,过去数十年的艰辛和努力都会在瞬间成为泡影,当你重整旗鼓以求东山再起时,发现年龄不饶人,一种强烈的英雄末路的感觉会萦绕于你的胸际。

事业无止境,大了还有大。当你希望加速发展,进入中国500强时,还有世界500强在等着你,永远赶不上人家。既然如此,我们何不量力而行,减少一些土地存量,多留一些储备资金。当政策吃紧、国家银根极度收缩时,你虽无一分银行贷款,但照样活得潇洒,任何风险也与你无涉。这就是办企业的最成功之处。

约在几年前,中国出了一本叫《大败局》的书,里面记载着十余家大型企业,皆因发展太快,抗不住风险而轰然倒塌,给人教训尤为深刻。2006年,长江文艺杂志社出版了《中国当代十大落难富豪大结局》一书，记录着中国十位商界奇才，皆因企业发展太快驾驭不住而落马蒙难，令人扼腕叹惜。现中国五万余家房企，大多为民营企业，在没有国家政策或生产资料等的扶持下，任其在市场的激烈竞争中自生自灭。因此，我们没有理由不顾自己的生命去冲锋陷阵。我们当务之急是先把企业生存下去，在生存中再求稳步发展，才是硬道理。

我国曾有一家房企，十年时间发展迅速，年销售额达40余亿元，他的老总曾夸下海口，在三年内，年销售额要突破200亿元，坐上中国房企的第一把交椅。不料在2006年上半年终因战线太长，囤地太多，企业出现极度财务危机而抗不住，被香港一家大企业并购，后又产生无休止的经济纠纷，留下终生遗憾。其实，做人和办企业一样，都要进退有术，进退自如。老子曰："激流勇退，顺天而行。"如果说进是人的根本，则退是一种智慧，激流勇退则是大大的智慧。今天一时一地的退却，可能就是明天大踏步的前进。所以，我们没有必要为了争什么名次，而不顾自己能力极限去玩命，大丈夫应志存高远，针对恶劣的竞争环境，我们适度放慢企业发展速度，做到稳步健康发展何乐而不为呢？

物竞天择，市场经济就是残酷、惨烈的竞争经济，犹如季节交替却是自然规律。寒冬过后必然要死掉一批不好的秧苗。所谓瑞雪兆丰年，其实就是冻死了足够的害虫，淘汰了低劣的物种，来年的庄稼才能有个好收成。市场本身就有极强的裁量权，剑锋指处，淘汰掉一大批专业程度、品牌、服务和理念欠缺的企业。但它所收获的可能不仅仅是老百姓买得起房,而对中国的房地产业,将收获更多的理性和成熟。

所有的扩张,都必须付出相应的代价和风险。房地产业也正逐渐从土地竞争时代步入到资本竞争时代,中国的房地产业已成为危机四伏下的暗流涌动。信息在流动中过剩,资本市场在翻云覆雨中战栗。资源、信贷、物价、均衡、博弈、和谐等等,都成为当前市场竞争的主流。企业家的神经已被极度绷紧。

如何正确预测未来我国房地产形势,统领企业健康发展,乃是当今房企老总们的头等大事。目前,地产市场在金融调控下出现逆转,住房的按揭贷款大幅减少,全国房价已停止增幅开始下跌。中国宏观经济的过热以及流动性过剩、持久的通胀意味着从紧的货币政策成为毫不犹豫的选择,在数量上通过提高准备金率等手段紧缩货币供给,在价格上逐步提高利率。前者将减少银行按揭贷款的数量和速度,而利率的提高一方面影响增量购买力,另一方面,也对存量的按揭者还款能力带来挑战,2007年的六次加息,目前仍然存在持续加息的通胀环境。如此,将大大降低住房市场的购买力和需求,导致房价持续下滑,而累计加息产生的效应或引发类似美国次贷危机的现象,容易引起房贷违约风险,直接影响到宏观经济的逆转和金融安全。总之,当前地产与金融已经进入相互挟持的窗口期,如何软着陆确实是一个难题。

从2003年实施的宏观调控已持续了5年时间,尤其是2006年与2007年的两轮宏观调控,出台的政策全面而密集,涵盖了房地产市场的土地、供应、交易、税费、加息、提高首付款等各个环节。各大相关部委都参与进来,对一个行业进行如此长时间和密集的调控是非常少见的。从现在的政策组合来看,除了持有环节的物业税未出台外,其他方面的政策把关已经非常全面。因此,落实和完善现有政策将是今后一个时期的主旋律。

房地产开发经营涉及营业税、城市维护建设税、契税、企业所得税、土地增值税等已达12种之多。但是,这么多的税负出台,似乎只有增加购房者的负担,关键是已开征的所有税种主要集中在流转环节,具有可转嫁性,所以并不能起到很好的抑价作用。那么,开征物业税必将成为本届政府实施税费调控房市的最后一个"杀手锏"。从2007年10月开始,国家批准在6个城市进行试点,后来又追加至10个城市,这已经说明政府正在加快步伐来推进物业税政策的出台。虽然物业税实施的相关操作细节比较难以界定,全面实施的时间表也还很难确定,但是政府可能会通过选择部分城市进行真正试点,再向全国推广。到那时,房市必将出现巨大的震荡,只有真正缺房者予以购房外,其他所有的买房保值者,各个层面的炒房者都将退出房市的舞台,中、小房企真正面临生死抉择。

由此可见,今后较长一段时间的形势不容乐观,像2007年上半年这样的房价疯涨的现状可能一去不复返,房价的增幅逐步趋于理性。因此,我们唯一可以做到的就是正确预测未来形势,审慎从事,踏实步履,放慢节奏,稳中求进。

第36策
必须坚守法律底线

据有关部门一份研究报告指出：中国每年约有100万家民营企业倒闭，60%的企业将在5年内破产，85%的企业将在10年内消亡，虽然每年也有同等数量的民营企业新开张，但中国民营企业平均寿命只有2.9年，能够生存3年以上的企业只有10%，大型企业的平均寿命也只有7到8年，而日本企业的平均寿命为30年，美国企业的平均寿命是40年，中国民营企业不幸地沦为"短命"企业。

当然，产生这种局面的原因是多方面的，依笔者之见，造成企业短命夭折的原因大致如下：

一是盲目跟风而上，看别人产业成功了，就立即效仿，结果经营方法不到位，造成巨额亏损，只好闭歇；

二是没有长远的打算，缺乏打造百年老店的理想，随意性较强；

三是没有坚守法律底线，经常有侥幸心理作祟而违规违法操作，终被淘汰出局；

四是求胜心切，妄图一夜致富，终因巨额投资被套牢，企业破产还债；

五是草莽英雄情结太浓，处事虽有魄力，但缺少稳健，经营决策不经过缜密思考，头脑一发热就拍板定局；

六是企业后继无人，没有提前做好交接班的准备，当第一代领导人离职或出事，第二代人就连守住原有的产业都难，更不能奢谈创业。

应该看到创造和培育一个成功的企业是何等的艰难，要成就伟业却不是一代人所能完成的，所以房企老总必须审时度势，放慢脚步，先使企业求得健康生存，再图发展，特别是必须加强法律风险意识。

一、房企必须重视法律风险防范

当前房企存在法律风险可归为三类：一是领导人重视不够，对企业的合法经营不重视，不配备法律咨询的实务机构，也不请律师参谋。二是重大决策防范不足。在重大投资项目的决策、大型地块的竞投，就像买西瓜用手拍几下就成交。三是有意无意违法经营，明知是会出问题，但相信关系，抱侥幸心理，最后搬起石头砸自己的脚。

不防范法律风险，轻则造成财产损失，重则家破人亡，甚至判刑坐牢。有关事例比比皆是，不胜枚举。企业法律风险可分为两类：一是财产风险，二是刑事责任风险。财产损失相当于下象棋时丢失了车马炮，而刑事责任就是老将被吃，满盘皆输。民营企业家触犯刑律不但自己付出自由的代价，而且苦心经营了多年的企业将毁于一旦。

冒险是企业家的天性，不冒险的企业家是懦弱的，但是不知道有法律风险而冒险那是可悲的。成功的企业家始终傲立于社会，而失败的企业家最终身陷囹圄，或损失惨重，其区别并不是冒险与否，而在于有效地控制风险。因此,解决法律风险问题最好的办法是要建立一套有效的法律风险防范体系。这套体系是包括企业家的法律风险意识、长期的法律顾问机构和一系列健全的规章制度、合理的流程、完善的表单、规范的文本组织。包含投资管理、营销财务管理、质量安全管理等九大模块。企业有大有小,情况各异,具体要根据企业的实际情况量身而定。

企业就像一台电脑,时时刻刻会遇到各种各样的病毒。企业杀毒的软件是什么?就是企业的法律风险防范体系!健全的法律风险防范体系,能够及时排查发现企业经营中的风险,防患于未然,拥有它,企业家才能在创业的道路上没有后顾之忧,才能使我们的企业经久不衰。

二、遵纪守法持之以恒

近 30 年的改革开放,使我国的政治、经济、文化和社会情况发生了翻天覆地的变化,与此同时,调整与规范各种社会关系的手段也从原来的人治为主逐渐走向法治。市场经济也是法治经济,在这个大背景下,任何经济法律关系的主体都必须受国家法律约束,谁也没有超越和凌驾于法律之上的权利。我们在开发经营中,必须时刻注意自己所干的事是否与法律有抵触,比如说纳税。操作一个工程项目,要缴几道税,应税款是多少都应测算正确,提前向股东讲明,做好打算。又比如项目必须规范化操作,否则就会被卡住,以贿赂的方式向公务人员行贿,既缺乏道德,又违反法律。再如项目中标进场,遇农民阻扰,不是采取劝解协商解决,而是买通黑社会的人行凶打人,最终是脱不了干系的,还是要被追究法律责任。还有在生意场上待人接物,都要礼让他人,不可意气用事,逞一时之能,更不可负气搞恶性报复,免酿祸端。更有股份分配、财产继承、工程发包、员工待遇等等,都要严于律己,宽以待人,不可把金钱看得太重,要重情重义。坚守法律底线,持之以恒,追求和谐。

三、正确认识"取"和"予"

古训:君子爱财,取之有方。这就是说做生意要取之有道,要讲诚信,须知欺蒙他人,到头来就是坑蒙了自己,天道循环,因果报应绝对有之。大丈夫处事要磊落光明、不背不暗。取来之后,就要舍得给予,用今天的话说就是企业家要有社会责任感。你的事业成就了,就要关心弱势群体,就要广做公益慈善事业。不能给人留有富不仁的话柄,减轻周围人士对你的仇富心理。做了善事最好不要张扬,以防别人认为你在"作秀",这用古话来讲叫做"积阴德"。正确认识并合理做到"取"和"予",你的人生才有价值,活得才潇洒。

企业家的社会责任问题,是当前最热门的话题。企业的社会责任分两个层次:一个是法律层次的社会责任,一个是道德层次的社会责任。法律责任是必须遵守的,比如说不破坏环境,不坑害消费者,不偷税漏税等;而道德层次的社会责任就是从利润中拿出一部分办公益事业。企业股东利益的最大化本来是企业的目标,是投资者利益最大化,这与道德层次的社会责任发生了冲突。但事实上两者之间并没有冲突。从经济法律关系的主体角度看，如果履行道德层面的社会责任，帮助社会，虽然有形资产少了，但无形资产在增长，虽然近期利益可能没有增长，但是你的长期利益增长了。

四、正确处置"公"和"私"

老子曰："天地因为无私才得以长生。"商界人士，必须坚守法律底线，并要胸怀坦荡，一心为公。你创办一家房企，建成的项目让居者有其屋，国家拿到税收，许多人得以劳动就业。要始终认识到，企业办得再大，也是国家的，财产最多也是人民的。做为企业老总，你一个人的一生消费又能是多少呢？你将企业创办得好没有倒下去，就是一心为公的表现。你违法乱纪，不负责任，随心所欲，决策失误而断送了一个好端端的企业，就是自私的行为。其实人生最高的境界就是利他主义。雷锋日记："人的生命是有限的，但为人民服务是无限的，我要用有限的生命，投入到无限的为人民服务中去。"我个人认为，这就是一篇典型的利他主义的绝妙经文。

五、一心创业不思从政

经商办企业与从政是风马牛不及的事，但就有人在企业一旦有些成功时，就容易产生妄想，千方百计涉足政坛，或者干预政治，置国家法律于不顾，最后身败名裂。报载《中国第二号富豪落马"荷兰村"》，一个假称自己是流亡学生向荷兰政府申请政治庇护的南京青年杨斌，在短短的几年以不可思议的速度发迹，拥有数亿元之身价。杨斌在沈阳投资的"荷兰村"极尽豪奢，据说总资产已达60亿元，接踵而来的"喜讯"是杨斌又被任命为朝鲜新义州行政长官，威风直逼董建华。这个人不仅创造过一个令人瞠目的财富神话，还从"洋打工仔"变成中国第二号富豪，但最终却从人生的短暂巅峰跌落到监狱的高墙大院里，发人深省。

牟其中，曾经把廉价的日用品运到苏联换回四架图—154飞机而著名，创造了经济"一度"论。妄图收购一万家国企到纽约上市，并要开一个大隧道，打开喜马拉雅山脉，让印度洋的暖流引进中国，打造北方香港，彻底改变中国经济构架的商界狂人，现在仍在铁窗里艰难度日。

热比亚，1994年《福布斯》中国富豪榜上排名第三位的女富豪，成为新疆商界领军人物，人生轨迹就像是一个神话。但她利令智昏，与她的后任丈夫参与了臭名昭著的"东突"叛国组织，触犯数个罪名，被一副冰冷的手铐铐住了人生所有的辉煌。

我国晋商连绵500年辉煌，徽商夺得300年雄风，到最后全部陨落，当然这里头有不少的复杂原因，其中与他们剑走偏锋，捐钱买官入仕有很大的干系。所以，从政者，必须为官一任，造福一方，两袖清风，一身正气，图个青史留名；经商者，必须以振兴民族产业为己任，关注民生，为广大的人民谋福祉。如脱离此人生轨迹，必是失败的人生。因此，企业家应该在遵纪守法的前提下，一心创业，不思从政。

六、积极提前做好企业交接班

办一个成功的企业,使其上等级、上规模、上档次、上水平或进入全国500强、世界500强等,都不是一代人所能完成的。老子曰:"功成身退,天之道。"这就是要求第一代企业家在事业取得成功后,就要抓紧培养新人,做好企业领导人交接班。告诫后人,一切事业须以坚守国家法律底线为第一要务,稳步发展,历风浪而不衰。自己退下来后,一方面做企业参谋,二方面开展公益慈善事业活动。只有尽己之能大量地行善积德,反过来就会影响你的企业能长期稳步发展,实现基业长青。